Fear Traps
두려움의 함정

Fear Traps © 2021 Dr. Nancy Stella.
Original English language edition published by Berry Powell Press 510 W Bennett Ave,
Glendora California 91741, USA.
Arranged via Licensor's Agent: DropCap Inc.
All rights reserved.
Korean language edition ⓒ 2025 by Jungmin MEDIA
Korean translation rights arranged with Berry Powell Press c/o DropCap Inc. through
EntersKorea Co., Ltd., Seoul, Korea.

이 책의 한국어판 저작권은 (주)엔터스코리아를 통한 저작권사와의 독점 계약으로
정민미디어가 소유합니다. 저작권법에 의하여 한국 내에서 보호를 받는 저작물이므로
무단전재와 무단복제를 금합니다.

Fear Traps
두려움의 함정

낸시 스텔라 지음 | 정시윤 옮김

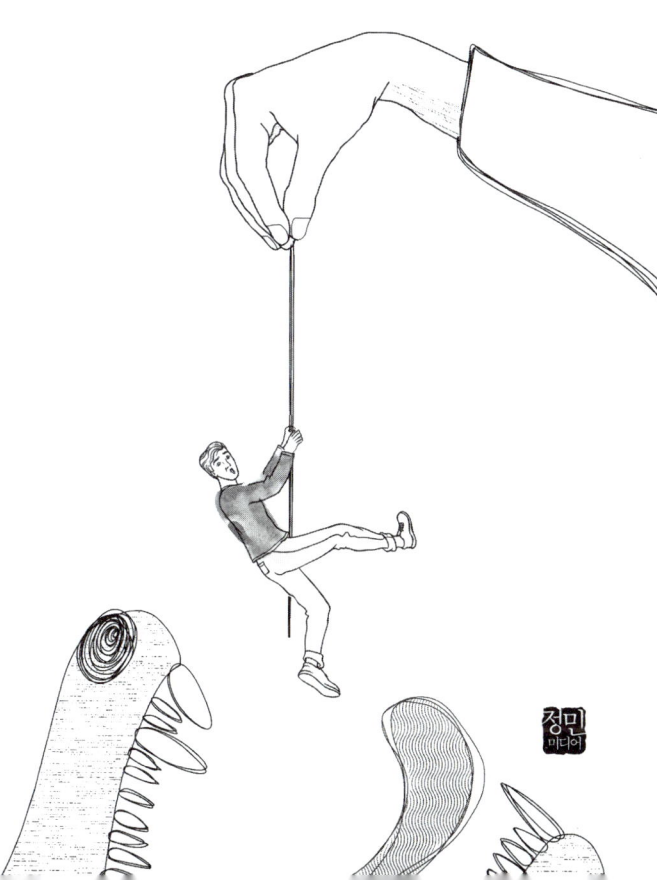

《두려움의 함정》에 보내는 찬사

스텔라 박사는 최신 신경과학과 수천 년 된 명상 훈련, 수십 년의 임상 경험을 통합해 두려움이라는 굴레에 갇힌 사람들에게 희망과 구체적인 지침을 제시한다. 《두려움의 함정》은 청소년과 성인, 노년층에 획기적인 지식과 명확한 지침을 제공함으로써 피할 수 없는 듯 느껴지는 불안과 두려움에서 체계적으로 벗어날 수 있게 돕는다.

_ 리처드 레크먼(Richard Reckman), 박사 · 오하이오 심리학 협회 전 회장

스텔라 박사는 자존감의 거장이다. 그녀는 우리의 가장 큰 두려움조차 쉽게 다가가 극복할 수 있다고 느끼게 한다. 작고 무력하게 느껴질 때, 우리는 어른이며 우리 생각보다 훨씬 더 많은 일을 해낼 수 있다는 사실을 우리에게 상기시킨다.

_ 메리언 루빈(Marian Rubin), 공인 독립 임상 사회복지사

두려움의 악순환에 갇힌 사람을 위한 필수 자원이다.

_ 실리아 올리버(Celia Oliver), 임상 심리학 박사 · 뉴햄프셔 심리학 협회 회장

스텔라 박사는 《두려움의 함정》에서 일반적인 두려움의 근거를 포착했다. 그뿐 아니라 두려움에 대처하는 훌륭하고 상세한 틀을 제시했다. 이 책은 자존감과 자기 효능감을 향상하고자 하는 상담치료사와 환자에게 훌륭한 자료다.

_ 라이언 슈미츠(Ryan Schmidtz), 의학 박사 · 슈미츠 정신의학 클리닉 원장

스텔라 박사의 책은 희망이다. 책은 '용기 있는 사고 프로세스'를 활용해 자신을 억압하는 패턴을 식별하고 탐색하여 극복한 내담자들의 삶을 기록했다. 나는 스텔라 박사의 프로세스를 활용해 감정망(emotional matrix)을 재구성했다. 나는 그 변화의 힘을 개인적으로 증명할 수 있다. 나는 훈련의 직접적인 결과로 더 큰 회복력과 행복감, 자연스럽게 일어나는 행복의 깊은 파도를 경험하고 있다. 나에게는 생명의 은인이나 마찬가지다.
_ 데이비드 포레스터(David Forrester), 감정 치유의 예술, 매트릭스의 창설자

스텔라 박사는 트라우마 반응으로 이어지는 낙인을 지워주곤 한다. 개인의 역량을 강화하는 데 초점을 두어, 그들에게 삶과 인간관계에 긍정적인 변화를 일으킬 힘과 내적 자원이 있음을 상기시킨다. 이 책은 내가 이미 활용하고 있는 접근 방법을 채택해 효과적인 방식으로 결합하여 사람들이 스스로 활용하거나 자신의 치료 과정에 더 쉽게 참여할 수 있게 한다.
_ 다이앤 래티머(Dianne Latimer), 심리학 박사 · 공인 심리학자

스텔라 박사의 '용기 있는 사고 프로세스'는 복잡한 개념을 매우 쉽게 이해하도록 돕는다. 그 방법은 나에게 과거의 상처로 인해 끊임없이 자극받지 않고, 삶의 불가피한 도전에 맞설 용기를 주었다. 나는 그 전략을 활용하여 나를 작은 세상에 가둔 완벽주의와 거절당하는 두려움에서 벗어났다. 이제 나는 새로운 기회를 추구하고 자유롭게 나 자신을 표현할 수 있게 되었다.
_ 캐럴린 월터스(Carolyn Walters), 감정 치유의 예술, 매트릭스의 교사

뇌가 두려움을 처리하는 방식은 변화될 수 있다. 《두려움의 함정》이 그 방법을 보여준다.

_ 린다 맥콘(Lynda McConn), 공인 전문 임상 상담사

이 책을 읽으며 아주 여러 번 내 마음을 읽힌 듯했지만, 스텔라 박사는 내가 겪는 어려움을 부끄럽게 느끼도록 하지는 않았다. 그녀는 이 흔들림 없는, 어떤 것도 놀랍지 않다는 식의 태도로 자신이 할 수 있는 일을 하라고 외친다. 끊임없이 불안한 사람들은 숨을 한번 크게 쉬고 이 책을 읽기 시작하라. 이 책은 당신을 위한 책이다. 뇌 연구와 실제 삶에 모두 깊게 뿌리내린 만큼 우리를 진정시키는 데 확실히 효과가 있다. 그녀는 불안한 뇌의 물리적 구조를 실제로 어떻게 변화시키는지 보여주지만, 그녀가 이 과학적 발견을 전달하는 방식은 우리 마음이 이미 가벼워진 듯 느끼게 한다.

_ 카르멘 베리(Carmen Berry), 사회복지학 석사 · 뉴욕타임스 베스트셀러 《당신을 돕다가 내가 상처받을 때(When Helping You Is Hurting Me)》의 작가

이 책은 두려움과 불안으로 무력해진 사람들을 대상으로 한 자기계발 분야에 중대한 기여를 했다. 스텔라 박사의 강력한 개인적 사례와 뛰어난 임상 자료는 독자를 끌어당겨 뇌의 공포 중추에서 벗어나 새로운 신경 경로를 형성하는 방법 – '용기 있는 사고 프로세스'의 핵심 – 으로 안내한다. 그 틀은 독자들이 명상을 통해 행동과 인지뿐 아니라 경험과 인간관계에

서 지속되는 변화를 만들어내도록 돕는다. 다양한 분야의 상담치료사들은 이를 내담자들을 위한 유용한 보조 자료로 활용할 수 있다.

_ 캐럴 리먼(Carol Lehman), 박사 · 임상 심리학자이자 정신분석가

일상을 위한, 쉽지만 삶을 변화시키는 방법이다.

_ 루시 앨런(Lucy Allen), 사회복지학 석사 · 공인 독립 사회복지사 · 사이크BC 전 수석 임상 책임자

《두려움의 함정》은 바로 내가 찾던 책이다. 스텔라 박사는 최신 신경과학 연구를 바탕으로 뇌를 이해하는 간결한 방식을 제공한다. 책에서 제시하는 구체적이고 쉽게 조정 가능한 단계들은 내담자들에게 불안이 삶에 미치는 부정적인 영향을 완화할 수 있다는 희망을 주는 방안을 제공할 것이다. 이 책은 불안과 두려움을 가진 내담자들을 치료하는 데 중요한 지침이 될 것이다.

_ 캐슬린 그랜트(Kathleen Grant), 심리학 박사 · 임상 심리학자 · 신시내티 전문 심리학 아카데미 전 회장

들어가는 말

용기 있게 사고하는 방법

그 누구도 두려움을 느끼고 싶어 하지 않지만, 사실 두려움 자체가 문제는 아니다. 두려움을 느낄 때 분출되는 아드레날린은 우리를 즉각적으로 행동하게 만들어 우리 생명을 구할 수 있게 한다. 우리는 도망치거나(도피) 공격적으로 자신을 방어하거나(투쟁) 적이 우리를 공격하는 데 흥미를 잃도록 꼼짝하지 않는다(경직). 위험이 지나가고 살아남게 되면 우리 몸은 자동으로 이완되고, 침착하고 자신감 있는 상태로 돌아간다.

두려움의 목적은 우리 생명을 구하는 것이지만, 고질적인 두려움은 우리에게 심각한 해를 끼칠 수 있다. 날마다 두려움의 함정에 빠지면 우리는 우리 본모습보다 작은 그림자 속으로 움츠러들 수 있다. 그렇게 느꼈던 적이 있을 것이다. 당신만 그런 것은 아니다.

나를 처음 찾아오는 내담자들은 종종 익숙한 실수와 삶에 널리 퍼져 있는 고통스러운 패턴에 무력감을 느낀다고 토로한다. 두려움의 함정에 빠지면 우리는 불안의 악순환을 거듭하게 된다. 과잉 반응이라는 자기 패배 패턴은 말 그대로 인간관계와 경력, 건강을 망칠 수 있다. 나는 수십 년에 걸쳐 상담해온 수백 명의 내담자가 고질적인 두려움을 겪으며 행복과 건강을 잃는 모습을 보았다. 어떤 내담자들은 이미 수년간 심리치료를 받았고, 어떤 내담자들은 다양한 프로그램을 시도했지만 문제를 해결하지 못했다. 최근까지도 기존 방식이 왜 모두에게 똑같은 효과를 보이지 않았는지, 그 이유가 명확하지 않았다.

그러다가 심리치료사인 내가 두려움의 함정에 빠지는 순간이 왔고, 거기서 '수년간' 헤어 나오지 못했다. 당황스러웠다! 결국, 내가 답을 알고 있는 사람이어야 했으니까. 나는 뇌가 어떻게 작동하는지, 트라우마에서 어떻게 벗어나야 하는지 알고 있다고 생각했다. 하지만 성인이 된 뒤의 삶에서 맞은 그 최악의 시기는 내가 중요한 무언가를 놓치고 있다는 사실을 가르쳐주었다. 나는 내담자들과 나 자신을 위해 해답을 찾기 시작했다.

수년간 나는 자기 패배 패턴과 뇌 활동의 상관관계를 연구했다. 연구를 통해 어떤 실마리를 밝혀낼 수 있었다. 심리치료 초기에 치료사들은 통찰을 얻는 것이 변화를 불러오는 가장 좋은 방법이라 믿었다. 실제로 심리치료사들은 사람들에게 통찰을 얻을 때까지 가장 트라우마가 된 이야기를 반복하도록 했다.

하지만 새로운 뇌과학 연구에서는 이 방법이 때로 득보다 실이 많은 이유를 설명해주었다. 이 방식은 변화를 불러일으키는 통찰을 얻는 데 도움 되기보다 뇌의 용기나 회복력을 강화하지 않고 반복해서 뇌의 공포 중추(fear center)를 자극한다. 그래서 뿌리 깊은 두려움과 트라우마를 안고 찾아온 사람들이 긍정적으로 변화되기보다 다시 트라우마에 빠지게 되는 일이 흔했다.

좋은 소식은 이러한 유형의 치료법의 오류를 바로잡는, 인간의 뇌에 대한 발견이 최근 이루어졌다는 것이다. 거기에 더해 과학은 의도적, 지속적으로 뇌를 변화시켜 두려움의 함정에서 벗어나는 게 가능하다는 사실을 증명해준다. 우리는 의도적으로 용기 있게 사고하여, 두려움의 끊임없는 악순환을 멈출 수 있다.

환상적인 소식이었다! 그러나 나는 그 발견만으로는 충분치 않다는 사실을 깨달았다. 내담자들은 깊이 고통받고 있었고, 나는 그 최악의 상황이 얼마나 압도적으로 느껴지는지 잘 알고 있었다. 그들에게는 간단하고 쉽게 접근할 단계적인 과정이 필요했다.

그래서 나는 '용기 있는 사고 프로세스(Courageous Brain Process, CBP)' – 오래된 트리거를 극복하고 새로운 용기를 개발하는 여섯 단계 – 를 만들었다. 이 여섯 단계는 '실제로' 뇌에 새로운 신경 경로를 새기는 과정으로 우리를 안내한다. 우리가 과거의 트라우마로 생긴 오래된 경로를 피해 갈 수 있다는 의미다. 더 이상 그곳에 갇혀 있지 않아도 된다!

이 과정은 내가 벗어날 수 있을지조차 확신하지 못한, 내 삶의 여러 계절을 헤쳐 나가도록 도와주었다. 나는 또한 이 과정을 수많은 내담자와 공유했고, 그들은 진정으로 삶이 바뀌는 성과를 거두었다. 반복되는 두려움과 벗어날 수 없는 실패에 사로잡혔다고 느낀다면 CBP가 당신을 자유롭게 해주리라 확신해도 좋다. 행동을 반복하고 정신을 집중하면 뇌가 두려움을 처리하는 방식을 바꿔 당신의 삶을 변화시킬 것이다.

각 장이 앞 장의 내용을 바탕으로 이루어져 있으니, 이 책을 최대한 활용하려면 순서대로 읽기를 권장한다. 어떤 특정 두려움으로 문제를 겪고 있다면 해당 주제를 다룬 장에 더 주의를 기울이면 좋다.

우리를 괴롭힐 수 있는 두려움은 많지만, 나는 내담자들에게서 가장 흔히 나타나는 여섯 가지를 선택했다. 이는 혼자가 되는 두려움, 거절당하는 두려움, 대립하는 두려움, 무시당하는 두려움, 실패하는 두려움, 미지의 것에 대한 두려움이다. 이런 문제들을 해결하는 데 사용되는 방법은 당신이 마주칠지 모르는 다른 두려움에도 쉽게 적용할 수 있다.

당신에게는 삶을 새롭게 구상할 기회가 있다. CBP와 함께라면 당신은 다른 선택을 하고 인간관계와 목표, 개인적인 삶에서 성공으로 가는 새로운 길을 만들 자율성이 생길 것이다.

이 책에서 제시한 과정을 활용하면 다음 다섯 가지를 해낼 힘을 얻을 것이다.

- 현재 겪고 있는 두려움의 근본 원인을 파악한다.
- 트리거가 작동하는 이유와 방식을 알아낸다.
- 감정에 휘둘리지 않고 객관적으로 평가한다.
- 과거의 자기 패배적 행동에서 벗어난다.
- 새로운 도전에 직면할 준비를 갖추고 원하는 삶을 설계한다.

더 이상 만성적인 두려움에 사로잡히지 않는 강인함과 자유로 가는 여정을 나와 함께하자.

ⓘ 건강한 두려움의 목적

건강한 두려움의 목적은 우리로 하여금 최대한 빨리 위험에서 벗어나게 하는 것이다. 위험을 감지해 교감 신경계가 활성화되면 호흡이 가빠지고 얕아진다. 심박수는 증가하고 혈액은 장기에서 팔다리로 흘러나가 최대한 빨리 반응하게 한다. 위협이 해소되면 우리 몸은 안정적이고 편안한 상태로 돌아가게 된다. 평안한 상태가 되면 부교감 신경계가 활성화된다. 심박수는 느려지고, 혈액은 근육에서 장기로 이동하며 호흡은 더욱 깊어진다. 그리고 우리는 논리적 사고, 공감, 건강, 행복을 촉진하는 안정된 상태로 돌아간다.

Contents

《두려움의 함정》에
보내는 찬사 4

들어가는 말 8

1
혼자가 될까 두려운가? _17

4
무시당할까 두려운가? _141

5
실패가 두려운가? _175

2
**거절당할까
두려운가?** _57

3
**대립이
두려운가?** _97

6
**미지의 것이
두려운가?** _213

보너스 집중 명상 훈련 241
마치는 말 245

1

FEAR TRAPSE

혼자가 될까 두려운가?

FEAR TRAPSE
ESCAPE THE TRIGGERS THAT KEEP YOU STUCK

> 우리가 느끼고 있는 감정이 무엇인지 알 때,
> 깊이 느끼고 깊이 사랑하고 행복을 느낄 수 있다는 걸 깨달을 때야
> 비로소 우리는 삶의 모든 영역에서 그런 행복을 만들어낼 수 있다.
>
> ─
>
> 오드르 로드(Audre Lorde)

심리치료 일을 쉬는, 평범한 금요일 오후였다. 정원을 가꾸며 한가로이 나만의 시간을 즐기고 있었다. 눈부시게 내리쬐는 태양 아래, 챙이 넓은 밀짚모자가 내 얼굴에 그늘을 드리워주었다. 나는 아이리스를 심으려고 앞쪽 꽃밭에 땅을 팠다. 그 작업이 거의 끝나갈 무렵 전화벨이 울렸다. 서둘러 안으로 들어가 시누이 애나의 목소리를 확인했다.

"낸시, 너랑 개리, 새 가구 주문했어?"

뭔가 당황할 때마다 짙은 녹색 눈 사이에 잡히는 애나의 주름이 생생히 떠올랐다.

"아니, 안 했는데. 왜?"

"그게, 시내에 있는 가구점에서 전화가 와서, 나한테 가구를 주문했는지 묻더라고. 주문한 사람의 정보가 없어져서 개리와 내 성이 같으니까, 나한테 연락한 것 같아."

당황스러웠다.

"그 고객이 누구였다는데?"

"배리라는 남자였대."

"그런데, 우리 거기서 주문한 거 없어."

눈 앞으로 흘러내린 머리칼을 넘겼다.

"거기 전화해서 확인 좀 해줄래?"

애나가 물었다. 그러겠다고 하고 가구점에 전화를 걸었다. 우리가 주문한 게 아니라고 알려주고는 다시 아이리스를 심으러 나갔다.

개리와는 대학원에서 만났다. 연상의 교수였던 잘생긴 그에게 나는 곧 안전하고 받아들여졌다는 느낌을 받았다. 그의 애정과 헌신을 신뢰하는 건 어렵지 않았다. 4년 후 우리는 결혼했고 온두라스와 과테말라에서 한 명씩, 여자아이 둘을 입양했다. 행복한 가정을 이루어가던, 삶이 기쁨으로 가득하던 시기였다. 적어도 나는 그렇게 생각했다.

흙을 파내다가 남편의 이름인 '개리'를 '배리'로 잘못 들을 수도 있겠다는 생각이 퍼뜩 들었다. 남편이 왜 아무 말도 없이 가구를 주문했을까? 다음 순간, 머리 위에 떠 있는 태양보다 더 밝고 선명하게, 어떤 생각이 뇌리를 스쳤다. 개리가 가구를 주문한 거라면 나와 두 딸이 있는 이 집이 아닌, 다른 곳에서 살기 위해서일 것이었다. 급히 퍼즐의 조각을 맞추려는 내 마음을 막아보려 했지만, 모든 조각이 너무 쉽게 딱 들어맞았다. 20년을 함께한 내 남편이 외도하고 있었다.

개리는 종종 늦게까지 들어오지 않았다("미팅이 길어졌어."). 남편의 옷장에는 옷이 거의 없었다("차 트렁크에 넣어놨어. 그래야 헬스장 가기가 편해."). 출장차 유럽에 갔을 때는 연락이 되지 않았다("숙소에 전화기가 없어."). 핑계는 점점 더 늘어났지만 나는 내 두 눈과 마음을 꽉 닫고 있었다. 하지만 그날 정원에서, 나는 더 이상 그 사실로부터 숨을 수 없었다. 개리에게는 시내에 다른 집, 애인을 위해 가구를 들이는 사랑의 보금자리가 있는 게 틀림없었다.

터져 나오는 울음을 참지 못하고 그 자리에 주저앉아 흐느꼈다. 개리의 배신을 더 이상 부정할 수 없었다. 느슨한 감정의 실타래가 마지막으로 확 잡아당겨졌고, 거기 정원에서 완전히 풀려버렸다. 남편은 나의 믿음을 깨뜨렸다. 남편에게는 다른 여자가 있었다. 내가 그와 함께 이룬 삶은 거짓이었다.

게다가 또 다른, 더 무서운 무언가가 있었다. 영혼이 바닥으로 툭 떨어지는 걸 느꼈다. 어둠이 내 몸을 채웠다. 두려움이 널걱거리며 나를 빠르게 관통했다. 남편 없이 어떻게 살 수 있을까?

시간이 얼마나 흘렀을까. 뒷마당에서 얼마나 오래 울었는지는 모른다. 다행히 10대인 딸들이 학교에서 돌아오기 전, 정신을 차릴 수 있었다. 보통 때처럼 아무 일도 없다는 듯 아이들을 맞았다. 여느 날처럼 오후를 보냈다. 아이들에게 간식을 내주었고, 아이들은 숙제하고 음악을 들으러 자기들 방으로 갔다.

아이들이 제 할 일을 하는 동안, 나는 우리 침실을 내 침실로 바꾸려고 방으로 들어갔다. 조용히 여행 가방을 내렸다. 서랍장에서 남편 쪽 서랍을 열었는데 남아 있는 물건이 거의 없어서 나는 망연자실했다. 서랍 몇 개는 완전히 비어 있었다. 슬픔이 나 자신을 향한 분노로 바뀌었다. 도대체 어떤 여자가 남편이 짐을 챙겨 나갔는데도 모를 수 있을까?

남편 쪽 옷장으로 갔다. 거기 있는 것이라곤 남편이 더 이상 입지 않는 셔츠 두어 벌과 지금은 필요 없는 두꺼운 겨울 외투, 낡은 등산화뿐이었다. 그것들을 낚아채 가방에 쑤셔 넣었는데도 가방은 널널했다. 욕실로 가서 거기 남아 있는 물건들을 마구 집어넣고 재빨리 가방을 닫았다. 그의 향수 냄새가 내 얼굴을 스쳤다. 너무도 잘 아는 향기였다. 하지만 그 남자는 낯선 이가 되어버렸다. 그가 나를 바보처럼 갖고 놀게 내버려둔 나 자신에게 화가 났다.

해가 저물 무렵, 나 자신을 향한 분노는 개리를 향한 이글거리는 격노로 바뀌었다. 저녁 식사 직전에 그가 돌아오리라 생각하며 여행 가방을 안락의자 뒤에 놓아두었다. 나는 고양이처럼, 아무 눈치도 채지 못한 쥐에게 막 덤벼들 참이었다. 주차 진입로로 들어올 개리의 차 소리에 귀를 기울였다. 예상대로 차 소리가 먼저 나고 그다음 차 문이 열렸다 닫히는 소리가 들렸다. 개리가 문에 다다르기 전, 나는 가방을 들고 나가 문밖에서 그를 마주했다.

늘 그렇듯 그는 나를 향해 미소 지었다, 다녀왔다고. 이내 그의 시선이 여행 가방에 내려앉았다.

"당신 물건 여기 다 들어 있어. 당신의 '다른' 집으로 가서 살아."

가방을 그에게 떠밀었다. 처음에는 놀란 듯, 물 밖으로 던져진 물고기처럼 입이 빼끔 벌어졌다. 잠시 후, 결국 내가 모든 사실을 알아냈다는 걸 깨닫고는 체념한 낯빛을 드러냈다.

"우리 사이는 끝났어."

나는 무시하듯 말했다. 냉정하고 침착하게, 겉보기에는 완전히 차분했다.

그는 평소 표현이 아주 확실한 남자였지만, 그때만큼은 할 말을 찾지 못했다. 딸들과 이야기할 수 있는지도 묻지 않았다. 사실 아무 말도 없었다. 그저 가만히 가방을 들고 몸을 돌려 차로 걸어갔다.

아이들을 거실로 불렀고, 혼란스러운 표정으로 아이들이 들어왔다.

"아빠 아니었어요?"

큰아이가 물었다. 나는 고개를 끄덕이고는 앉으라고 손짓했다. 이내 개리가 저지른 일을 설명하고 그래도 아빠가 너희 아빠라는 사실에는 변함없다고 아이들을 안심시키며 덧붙였다.

"하지만 엄마는 더 이상 아빠의 아내가 아니야."

아이들은 내가 생각했던 만큼 놀란 것 같지 않았다. 아이들은 나보다 더 주저 없이 어떤 일이 일어나고 있는지 보고 있었던 거다. 나는 남편이 나가서 속이 후련한 척했지만, 그 가면 뒤에 숨어 나 자신이 아이들을 제대로 돌볼 수 있는 어른인지 실감하지 못하고 있었다. 시간이 되돌아간 듯, 부모에게 버림받아 혼자였던 어린 시절의 트라우마를 떠올리고 있었다. 아이들이 앞으로 어떻게 해야 할지 내가 말해주길 기대하는 동안, 나는 어떤 다른 어른이 이곳으로 걸어 들어와 우리 셋을 돌봐주길 바랐다. 차분한 목소리로 아이들을 안심시켰지만, 내면 깊은 곳에서는 풀려버린 실타래를 다시 감을 수 없을지도 모른다는 공포가 밀려왔다.

두려움의 함정에
빠지다

결혼생활이 끝장난 뒤 나는 오랫동안, 거의 5년을 두려움의 함정에 갇혀 있었다. 무척 힘든 5년이었다. 나는 혼란스럽고 불안해져서 내 능력과 정체성에 의문을 품었다. 어른이었지만 다시 어린아이가 된 듯, 혼란스러운 세상에서 길을 잃고 현실을 제대로 보지 못했다. 뇌가 버려졌던 어린 시절의 깊은 상처를 다시 경험하고 있다는 사실을 미처 이해하지 못했기 때문에, 과거의 모든 두려움이 현실을 말해주고 있다고 믿었다. 그렇게 나 자신에 대한 신뢰와 어려운 일에 대처하는 능력을 잃어버렸다.

마음은 괴로운 질문들로 가득 찼다. 이 고통에서 살아남을 수 있을까? 싱글맘으로 나 자신과 아이들을 돌볼 수 있을까? 이사를 해야 할까? 아이들이 이 가혹한 시간을 버티도록 도울 능력이 나에게 있나?

허물어지고 있는 듯했다. 견딜 수도, 충격적인 배신감을 감당할 수도 없는 상태로, 침대에서 영원히 일어나지 못하는 상상을 했다. 이런 일이 생길 줄 왜 몰랐을까? 남편의 거짓말에 왜 그렇게 눈이 멀었을까? 굴욕감이 느껴졌다. 어떻게 세상과 마주할 수 있을까?

그때를 돌아보면 내가 두려움의 함정에 빠졌었다는 걸 분명히 알 수 있다. 특히 버려진다는 두려움의 함정에 갇혀 있었다. 나는 당시에도 성공한 심리치료사였지만, 나 자신을 도울 도구는 아직 갖추지 못한 상태였다. 훨씬 더 많이 배우고 나서야 깊은 불안을 해소하고 나 자신과 아이들을 위해 새롭고 더 나은 삶을 건설할 수 있게 되었다. 그리고 내가 배운 것들, 두려움의 함정에서 벗어나도록 도와준 방법들을 이 책을 통해 당신에게 가르쳐주려 한다. 힌트를 하나 주자면, 모든 것은 뇌에서 시작된다.

> ⓘ **뇌에서는 무슨 일이 일어나고 있을까?**
>
> 자율 신경계는 투쟁(fight), 도피(flight), 경직(freeze) 반응에 책임이 있다. 그 이름이 말해주듯 자동적인 반응이다. 이 시스템은 두 가지 주요 부분으로 나뉜다. 부교감 신경계는 긴장을 풀고 휴식을 취할 때 활성화된다. 그때 혈액은 근육에서 장기로 이동한다. 교감 신경계는 활동적으로 움직일 때 활성화된다. 혈액은 근육으로 이동하고 심박수가 증가하며 호르몬을 활성화하여, 잠재적으로 위험하거나 스트레스를 받는 상황에 대비한다. 미주 신경은 부교감 신경계와 소통하고 이완 반응에도 도움을 주는 뇌신경이다.

뇌가 두려움을 어떻게 처리하는지, 그 기본 원리를 이해하는 것이 매우 중요하다. 이 책 전반에 걸쳐 우리는 뇌의 두 부분, 편도체와 전두엽에 초점을 둘 것이다.

편도체는 작지만, 우리 삶에서 강력한 역할을 한다. 아몬드 모양의 편도체는 대뇌 반구의 양 측두엽에 하나씩, 두 개로 이루어져 있다. 이는 뇌의 두려움과 스트레스 반응을 주관하고 기억이 저장되는 방식에 영향을 준다. 작지만 강력하다. 신체적 혹은 정신적 생존이 위협당하고 있다고 믿을 때 활성화된다.

뇌의 앞부분에 자리하고 있어 적절히 이름 붙여진 전두엽은 추론, 문제해결, 공감, 작용과 반작용을 처리하는 능력을 주관한다. 유아기에 전두엽은 아직 완전한 발달이 이루어지지 못한 상태다. 자라면서 인지 및 추론하는 능력이 발달한다. 성년기에 접어들면 전두엽이 그 능력을 온전히 발휘하게 된다.

나는 보통 편도체를 공포 중추라고 한다. 달려드는 차를 피해 펄쩍 뛰거나 도와달라고 소리를 지르며 공격할지도 모르는 사람(잠재적 공격자)에게서 도망쳐본 적이 있다면, 편도체에 감사해야 한다. 댄스 수업을 듣고 있을 때와 마찬가지로 '아, 이 발을 여기에 놓고 저 발을 저기에 놓아야지' 하고 생각할 시간이 없다. 계획할 시간이 없으니, 편도체가 나서서 우리를 위험한 상황에서 벗어나도록 돕는 것이다.

위험에 처하면 뇌는 자동으로 편도체를 활성화해 우리를 보호하고 전두엽과의 연결선을 끊어버린다. 시간을 들여 신중하게 생각할 시간 없이 순간적으로 위험에 대응해야 하기에 이는 매우 중요하다. 생명을 위협하는 위험이 지나간 후에는 마음이 진정되고 판단 능력과 문제해결 능력, 일어난 일을 처리하는 능력을 되찾게 된다.

기억, 특히 트라우마가 된 기억은 신경 경로를 통해 뇌에 기록된다. 들판에 난 작은 길을 떠올려보라. 풀밭 위를 처음 걸을 때는 흔적이 많이 남지 않을 수도 있다. 하지만 같은 곳으로 계속 걷다 보면 잔디가 눌리며 길이 생길 것이다. 생각과 경험을 기록하는 뇌도 마찬가지다.

이제 같은 길을 가는, 크고 무거운 트럭을 떠올려보라. 바퀴가 흙을 깊게 파고들어 확실한 자국을 남긴다. 고통스러운 기억은 거대한 트럭처럼 뇌에 깊이 파고들어 평생 가는 신경 경로를 새긴다. 뇌가 이 신경 경로에 갇혀 있는 한, 두려움의 함정이라는 자기 패배 패턴을 계속해서 반복할 가능성이 매우 크다.

엎친 데 덮친 격으로 많은 사람이 트라우마를 경험하며 필요한 지원을 받지 못한다. 부모나 보호자들이 우리를 돕고 싶어 하지 않는다는 게 아니다. 어렸을 때는 우리가 우리에게 필요한 것을 전달하는 방법을 몰라서, 주변 어른들이 어떻게 도와주어야 할지 이해하지 못했을 수도 있다.

또한 그 어른들이 위기 상황에서 도움을 청하거나 '스스로' 마음을 안정시키는 방법을 배운 적이 없어서, 우리에게 가르쳐 줄 수 없었을지도 모른다. 이유야 어떻든 우리는 편도체가 활성화될 때 효과적으로 대처하는 방법, 뇌의 합리적인 부분이 다시 작동하도록 자신을 진정시키는 방법을 알지 못한 채 어른이 될 수 있다.

내가 찾아낸 가장 중요한 발견 하나는 지금 일어나는 일 – 그게 무서운 일이든 아주 일상적인 일이든 간에 – 이 우리가 해를 입거나 위험에 처했던 과거의 일을 떠오르게 할 수 있다는 사실이다. 이런 연상 작용을 트리거라고 한다.

트리거가 작동하면, 편도체는 위험에 노출되었던 과거의 경험 때문에 – 실제로는 위험이 아니었더라도 – '지금' 생명이 위험에 처한 듯 반응한다. 우리는 편도체 속 트라우마의 깊은 상처에 갇혀 전두엽에 접근하지 못한 채 그 상황을 현실적으로 평가하고 효과적으로 대응하는 능력을 잃게 된다. 그 대신, 잘못된 판단과 과잉 반응을 반복하게 되는 경우가 많다.

트라우마가 된 과거를 현재인 듯 살아가면 인간관계가 심각하게 손상되고 목표를 이루지 못할 수 있는데도, 마음을 진정시키고 다른 방식으로 대응하기는 어려워 보인다. 나는 이런 시나리오를 두려움의 함정이라 부른다. 두려움에 효과적으로 대처하는 방법을 모르면, 수년 동안 육체적, 정서적으로 두려움에 갇혀 살았던 나와 같은 경험을 할 수도 있다.

'지금 일어나는 일 – 그게 무서운 일이든 아주 일상적인 일이든 간에 – 이 우리가 해를 입거나 위험에 처했던 과거의 일을 떠오르게 할 수 있다는 사실이다. 이런 연상 작용을 트리거라고 한다.'

용기 있는
사고 프로세스

개인적으로 시련을 겪으며 배운 점도 있었다. 그건 삶에서 진정한 돌파구를 경험해야 했던 나 자신과 내담자들을 잃어버린 조각으로 인도했다.

심리치료사들은 내담자들에게 가장 트라우마가 된 이야기를 해보라 재차 요구하곤 했다. 과거를 되돌아보면, 이전에는 볼 수 없었던 새로우면서도 우리를 구원해줄 무언가를 깨닫게 되는 '통찰'을 얻을 수 있다는 데서 나온 아이디어다. 치료사들은 통찰만으로도 내담자들의 트라우마가 치료되리라 믿었다. 그들이 완전히 틀리지는 않았다. 많은 사람이 과거의 경험에서 통찰을 얻어 치유로 향해 나아가는 데 도움을 받았다. 하지만 최신 뇌과학은 많은 경우, 왜 이 방법이 득보다 실이 더 많은지, 왜 치유 과정이 미완성으로 남게 되는지를 설명해준다. 이 방식은 내담자들이 자기도 모르게 트라우마로 깊게 팬 길을 반복해서 걷게 한다. 치유라기보다 오히려 더 깊은 신경 경로를 만들어, 끊임없이 사람들을 공포 중추로 데려다 놓았다.

오래된 신경 경로는 우리에게 되풀이하여 말한다.

'트리거가 작동하면 이렇게 반응해.'

그게 자기 파멸을 불러온다 해도 그러하다. 새로운 신경 경로는 이렇게 말한다.

'트리거가 작동할 때 항상 해오던 대로 반응하지 않아도 돼. 상황을 살펴보고 어떤 반응이 너와 다른 사람들에게 도움 될지 결정하자.'

'용기 있는 사고 프로세스(CBP)'는 일상생활에서 새로운 신경 경로를 만드는 실용적인 방법을 가르쳐준다. 이 방법은 내가 삶에서 피할 수 없는 어려움에 직면하던 방식을 완전히 바꾸어놓았다.

이는 스트레스 상황에서 더 빨리 마음을 진정시키고 비판적으로 사고하면서 오래된 악순환을 깨는 데 도움을 주는 간단한 단계들로 구성되어 있다.

- 1단계: 당신의 이야기를 한다.
- 2단계: 트리거를 찾는다.
- 3단계: 자기 파괴 패턴을 묘사한다.
- 4단계: 최악의 시나리오를 상상한다.
- 5단계: 용기 있게 사고한다.
- 6단계: 두려움의 함정에서 벗어난다.

이 여섯 단계가 어떻게 새로운 신경 경로를 만들어 우리를 자유롭게 해줄까? 연구에 따르면 자기 주도적 생각과 훈련을 거듭할 때 뇌는 물리적으로 변화한다! 이 책에서 소개한 프로그램은 그러한 물리적 변화를 일으키고 스트레스 상황에서 생각의 방향을 전환하는 훈련을 제공한다.

새로 생긴 홈을 지금까지 따라가야 했던 주요 고속도로에서 나가는 출구로 상상해보라. 수년 전에 만들어진 깊은 홈을 빠져나가거나 아예 돌아갈 수도 있을 것이다. 이 과정이 나와 다른 많은 이를 두려움의 함정에서 꺼내주었다.

처음에는 이 여섯 단계가 말도 안 되게 간단해 보여, 내가 주장하는 만큼 당신의 삶에도 적용될지 의문이 들 수도 있다. 단순함에 속지 말라. CBP는 효과가 있다. 자기 패배적 악순환을 깨고 원하는 새로운 패턴을 만드는 법을 배울 것이다. 두려움에서 오는 반사 작용에 휘둘리는 대신 트리거를 인식하고 오래된 패턴에서 벗어나 갇혀 있던 곳을 넘어설 힘을 얻게 될 것이다.

ⓘ 신경 가소성이 판도를 바꾼다!

실제로 뇌의 구조와 기능을 바꿀 수 있다는 한 가지 획기적인 발견이 없었다면 우리는 오랫동안 걸어온 같은 길을 계속 걸을 운명이었을 것이다. 과거, 과학자들과 심리치료사들은 성인이 되면 이러한 경로-혹은 신경망-가 고정불변하다고 여겼지만, 실은 그렇지 않다. 신경 가소성-뇌의 경로를 바꾸는 능력(경험과 학습으로 뇌가 구조적, 기능적으로 변형을 일으키는 현상) – 이 발견된 이후, 우리는 뇌가 새로운 연결망과 패턴을 형성하고 오래된 경로를 끊어버릴 수 있다는 사실을 알게 되었다.

뇌와 삶은 변할 수 있다. 하지만 성공하려면 행동해야 한다. 각 장에서 소개한 훈련을, 한 번만 하는 게 아니라 계속해서 반복하는 것이 매우 중요하다. 잔디밭을 거듭 가로질러 새로운 길을 만드는 것처럼, 반복이 그 열쇠다. 시간이 흐르면서 새로운 경로가 만들어지고 당신을 가둬둔 두려움에 맞서고 대처하는 완전히 새로운 능력을 갖추게 될 것이다. 뇌가 두려움을 처리하는 방식을 실제로 바꿀, 정말 효과적이면서 단순한 과정으로의 여정에 당신을 초대한다. 당신은 이전에 맛본 것보다 더 높은 자신감과 역량을 갖게 될 것이다. 내 경험을 바탕으로 내가 혼자가 되는 두려움을 어떻게 극복했는지 보여주려 한다.

1단계:
당신의 이야기를 한다

CBP의 첫 번째 단계는 당신의 이야기를 할 안전한 장소를 찾는 것이다. 이야기할 때 당신을 계속 가둬두는 트리거를 찾을 기회가 생긴다. 일기나 미술, 음악 혹은 다른 형태의 혼자만의 방식으로 이야기할 수도 있다. 하지만 깊은 치유가 이루어지려면 결국 다른 사람에게 이야기하는 것이 대단히 중요하다. 상대는 심리치료사나 영적 조언자, 신뢰하는 친구, 가족이 될 수도 있다. 우리에게 일어난 일을 나눌 때, 받아들여지고 신뢰받는다는 느낌을 받아야 한다. 우리는 말하는 데서 – 말할 때 귀 기울여 들어주는 사람이 있다는 데서 – 치유를 얻는다.

나는 항상 내담자들에게 과거의 이야기를 들려달라고 한다. 과거를 이해하면 현재의 패턴을 더 잘 인식하게 된다. 이야기할 때 '완벽하게' 하려고 애쓰지 말라. 자신의 직감을 믿어라. 당신의 이야기이니 그렇게 하라.

어렸을 때 나는 부모님과 여동생, 할머니와 함께 살았다. 이탈리아어를 쓰는 이민자였던 할머니는 영어권 사회에서 살아가는 방법을 몰랐고 미국을 고국으로 느끼지 못했다. 내가 다섯 살이었을 때 아버지가 갑자기 세상을 떠났다. 얼마 지나지 않아 어머니는 절망과 약물중독, 알코올중독의 삶으로 빠져들었다. 한 살 반이던 동생이 내 책임처럼 느껴졌다. 우리는 할머니에게 늘 사랑받았고, 할머니가 우리를 보호하려 애쓰는 것도 알고 있었다. 하지만 할머니는 우리가 아버지를 잃은 정서적 고통을 느끼지 않도록 막아줄 수 없었다. 반복적으로 어머니에게 버려지는 경험에서 우리를 보호해줄 수도 없었다. 어머니는 자기 내면의 고통과 중독 때문에 정신병동을 들락거렸다.

나는 할머니에게도 무슨 일이 일어날지 모른다는 두려움에 학교 가는 순간부터 집에 돌아오는 순간까지 매일 울었다. 할머니가 돌아가신다면 우리에게 어떤 일이 일어날지 상상도 할 수 없었다. 당시 나는 동생과 나 자신을 돌보기에 너무 어렸다. 대부분 아이는 가끔 두려움을 느끼지만, 나는 끊임없는 두려움 속에서 살았다. 버려질지도 모른다는 그 무시무시한 두려움 말이다. 이는 정서적 핵심 상처(core emotional wound)라고 부르는, 어른이 되어서도 영향을 받는 어린 시절 트라우마의 한 형태다.

2단계:
트리거를 찾는다

정서적 핵심 상처는 우리 뇌를 점령한다. 기억뿐 아니라 뇌가 구성되는 실제 방식에도 영향을 준다. 트라우마가 된 기억은 편도체에 기록된다. 트리거가 작동할 때 뇌는 과거와 같은 수준의 위험에 처했다고 우리에게 잘못된 정보를 준다.

느닷없이 과거로 보내져 그때의 트라우마를 다시 겪는다. 실제 사건을 기억할 수도, 기억하지 못할 수도 있지만 우리는 그 끔찍한 경험을 하며 느꼈던 감정에 압도당한다. 과잉 반응하며 현재 닥친 위협의 크기를 넘어서는 반응을 한다. 고통스러운 기억의 트리거가 반복해서 작동하면 편도체는 그야말로 그 크기와 영향력이 커진다. 우리는 그곳에 갇혀 출구를 보지 못할 수도 있다.

나의 첫 번째 트리거: 개리의 향수 냄새

남편의 행동에 화를 내고 상처받은 것은 당연하다. 하지만 나는 남편의 배신과 그의 물건을 가방에 챙기면서 아주 또렷이 맡았던 향수 냄새를 연관 지었다. 이 냄새는 단순히 남편이 저지른 일을 상기시키는 데 그치지 않고 나를 다시 어린 시절의 절망으로 내던졌다. 버림받고 외로웠던 트라우마를 처음 경험한 때로 나를 데려갔다.

나는 이혼 조건을 협상하는 성인 여성이 아니라 어린아이가 된 듯한 기분으로 변호사 옆에 앉아 있었다. 그때는 더 이상 내 실제 나이로 판단을 내릴 수 없었다. 나는 아이처럼 판단하고 반응했다.

트리거는 냄새와 소리, 촉각, 미각에 작동될 수 있다. 오래전 트라우마를 상기시키는 색깔이나 옷, 다른 시각적인 신호와 맞닥뜨리면, 그것들은 마치 덫에 달린 문처럼 우리를 처음 상처받았던 그때로 잡아당긴다.

힘든 일을 겪었을 때 세 살이었다면 – 지금은 어른이 된 자신이 아니라 – 세 살짜리처럼 판단하고 감정적으로 반응할 것이다. 열세 살이었다면 10대의 뇌로 판단하고 사춘기의 감정으로 반응할 것이다. 사고를 당했거나 학대로 고통을 받았을 때 스물두 살이었다면 평생 쌓아온 지혜도, 성숙함도 없던 20대 초반으로 내던져질 것이다. 그런 반응은 당신을 그리고 당신 주변 사람들을 놀라게 할 수도 있다.

나의 두 번째 트리거: 수화기에서 들려오는 개리의 목소리

개리와 통화할 때 그의 목소리가 트리거로 작동했다. 내 귀에 그 목소리는 내가 완전히 믿던 남자의 음성이었다. 나는 그와 딸들을 키우며 함께 나이 들어갈 계획이었다.

하지만 그 목소리는 이제, 그의 배신을 되새기는 절망과 부모를 잃은 상실감으로 나를 몰아넣었다. 한때는 상태가 너무 안 좋아져서 변호사에게 대신 통화해달라고 고집부렸다. 감정에 압도되어 그 목소리를 들을 수 없었다. 과잉 반응하고 있다는 걸 알았지만 멈출 수 없었다. 미쳐가고 있다고 생각했다.

좋은 소식은 시간이 흐르면서 내가 미치지 않았음을 깨달았다는 사실이다. 나는 감정적 트리거에 과민 반응하고 있었다. 트리거가 작동되고 뇌가 두려움의 패턴에 사로잡혀 특정 감정을 경험하고 있다는 사실을, 그 순간에 알아차리는 것은 가능하다. 그리고 아이의 두려움이 아닌, 어른인 자신에게 있는 자신감을 기반으로 한 새로운 패턴을 만들 수 있다.

'과잉 반응하고 있다는 걸 알았지만 멈출 수 없었다.'

3단계:
자기 파괴 패턴을 묘사한다

우리 뇌는 성인이 될 때까지 완전히 발달하지 않기 때문에, 어렸을 때 개발한 대처 방식들은 어른이 되었을 때 거의 도움 되지 않는다. 나이가 들고 자기반성을 통해 더 큰 통찰을 얻으면 이 방식들은 수정되어야 한다.

트리거가 작동할 때 오래된 대처 기제의 결함은 심각한 영향을 미쳐 성숙한 행복과 성공을 방해하는 행동 패턴을 발전시킨다. 반복되는 패턴에 의해 트리거가 작동되는 위험 속에 사는 것은 일상을 풍요롭게 보내는 방식이 아니고, 안정적인 관계를 형성하는 데도 도움 되지 않는다. 성인으로서 삶을 살아갈 능력이 있는지에도 자신감이 없어진다. 아무리 노력해도 그 괴로운 곳으로 되돌아가는 것 같은가?

- 이 관계는 다르리라 생각했지만, 똑같이 슬픈 결말을 맞는, 예전과 똑같은 이야기였다.
- 마침내 꿈의 직업을 찾았다고 생각했지만, 오래 지나지 않아 절대 노력한 만큼 보상받지 못하리라는 사실을 깨달았다.

- 10대 자녀와 말이 통했다고 생각했지만, 오늘 아침 또 한 번 크게 싸웠다.
- 심한 말을 한 배우자를 용서했다고 생각했지만, 속이 여전히 들끓고 있다.
- 열심히 노력하면 새 다이어트 프로그램으로 살을 뺄 수 있다고 생각했지만, 또다시 뺀 만큼 고대로 찌고 더 쪘다.

삶의 일부 영역에서 성공을 경험하면서도 다른 영역에서는 트리거가 작동되는 경우도 흔하다. 화려한 경력을 쌓았지만, 연인관계에서는 계속해서 실망하는 자신을 발견할 수도 있다. 만족스러운 결혼생활을 하고 있지만 직장 상사나 동료들과는 끊임없이 갈등을 겪을 수도 있다. 삶의 일부 영역에서 성공할 수 있지만 하나의 문제를 여전히 극복하지 못하고 자꾸 실패의 지점으로 끌려온다면 어떨까? 그때는 풀지 못할 패턴에 갇혀 있는 것이다.

자기 파괴 패턴 1: 실패한 자기 대화

사랑하는 사람의 죽음, 실직, 꼭 필요한 수술, 다른 피할 수 없는 사건 등 삶에 위기가 닥쳤을 때 괴로운 것은 당연하다. 슬픔을 이겨낼 안전한 장소를 찾는 일은 치유 과정에 굉장히 중요하다. 스트레스 상황을 겪는 동안 많은 이가 개인 혹은 집단 심리치료로 도움을 받는다. 위기에 적절히 대처하고 나면 우리는 새롭게 평정을 찾고 두려움과 불안을 더 이상 경험하지 않는다.

하지만 나는 수년 동안이나 평정을 찾지 못했다. 자기 의심 패턴과 버려진다는 두려움의 함정에 빠져 있었다. 이혼을 겪고 그 후 몇 년 동안이나 나는 두 발을 딛고 일어설 수 없었다. 이런 고통이 지속된 것은 단순히 이혼과 전부 다시 시작해야 하는 현실 때문만이 아니라, 내 감정에 소홀했기 때문이다. 개리가 떠났을 때, 나는 충분히 성숙한 어른이었으니 겁먹은 아이처럼 구는 걸 멈추고 실제 나이에 맞게 처신하는 능력을 되찾아야 했다.

흔히 있는 일이지만 내 머릿속은 부정적인 자기 대화(negative self-talk)로 가득 차 있었다. 나는 스스로 이렇게 말했다.

- 그 사람 없이는 살 수 없어.
- 그 사람 없이 어떻게 여러 결정을 내릴 수 있을까?
- 그렇게 오랫동안 거짓말을 알아채지 못한 나를 모두 비웃고 있을 게 틀림없어.
- 나 뭐가 잘못된 거지?
- 다시는 행복해지지 못할 거야.

스스로에게 귀를 기울일수록 더욱 괴로워졌다. 두려움의 함정에 더 깊이 빠질수록 그 말 그대로 두려움에 기반을 둔 신경 경로를 뇌 속에 더 깊이 새겼다. 저런 말들을 스스로 되뇔수록 더 무서워졌다.

자기 파괴 패턴 2: 내 모든 문제로 남편 탓하기

나는 두려워하는 것만으로는 모자라 분노와 전남편을 벌주고 싶다는 욕망에 사로잡혔다. 우리 가족과 내 삶을 망친 개리를 비난하며 그가 고통받는 모습을 보고 싶었다. 부정적인 자기 대화가 더 발전했지만, 이 패턴만은 전부 그에 대한 것이었다. 마음속을 돌고 돌며 그가 나에게 잘못한 일을 모두 되짚어보았지만 내 감정을 해결할 수는 없었다. 그 결과, 나도 모르게 고통의 정도가 커지고 고통받는 시간이 길어졌다. 나는 잃은 것에 초점을 맞추었다. 내가 현재 사용하는 방법들을 그때 알았더라면 더 쉽고 빠르게 회복할 수 있었을 것이다.

결국 나는 내 분노가 두려움의 함정의 일부라는 사실을 알게 되었다. 자신을 보호할 힘이 없다고 느껴지면 두려움은 분노로 바뀔 수 있다. 이는 우리가 자신을 보호하고 있다고 느끼게 할 수도 있지만 실은 그렇지 않다.

우리는 스트레스 호르몬으로 신경계를 침수시켜 스스로에게 상처를 준다. 이는 비참함을 느끼게 하고 문제를 해결하지 못하게 하며 면역체계를 손상한다. 편도체의 통제하에 살아갈 때 우리에게는 투쟁, 도피, 경직 - 삶의 다른 영역에서 굳건한 관계나 성공으로 가는 패턴으로 이어지지 않는 원초적인 반응 - 밖에 남지 않는다.

뒤돌아보면 내가 행동했던 방식에 부끄러워진다. 나는 내 두려움과 분노에 아무 조치도 하지 않으면 삶을 스스로 살지 못하는 서글픈 여자가 될 것임을 깨달았다. 나에게 해결해야 할 문제가 있음을 인정했다.

두려움과 분노, 슬픔, 자기비판처럼 돌고 도는 감정에 사로잡힌 자신을 발견한다면, 이제는 스스로 상처 내는 패턴에 갇혀 있다는 사실에 눈을 떠야 한다. 부정적인 기억은 뇌에 깊이 새겨져 트리거로 작용한다. 문제가 존재하지 않는 척하면 누구도 문제를 풀 수 없다. 지금이야말로 주의를 기울여야 할 감정적 난제에 갇혀 있음을 인정할 때가 아닌가? 당신은 도움이 필요하고 도움받을 자격이 있다. 두려움의 함정에 갇힌 상태에서는 의미 있게 앞으로 나아가는 일이 불가능하다.

4단계:
최악의 시나리오를 상상한다

두려움에 사로잡히면 우리는 무의식적으로 - 그게 신체적이든 정신적이든 간에 - 살아남지 못하리라 생각한다. 죽음은 물론 무서운 일이지만 결국 우리 모두에게 일어날 일이다. 그러나 죽음만이 우리가 극복할 수 없는 유일한 것이라는 사실을 받아들여야 한다. 그 밖의 다른 모든 것은 극복될 수 있다.

나는 삶이 실제로 위협받고 있지 않을 때도 위험에 빠진 듯 살았다. 내담자들도 종종 똑같이 느낀다. 배우자가 떠나거나 직장을 잃으면 살아남지 못할 거라 말한다. 그들은 신체적, 정신적으로 파괴될 거라고 믿는 상상 속 결론에 사로잡혀 산다.

하지만 당신은 더 이상 부모님에게 의존하는 어린아이가 아니다. 물론 아이는 버려지면 생존에 심각한 위협을 받는다. 하지만 지금 당신은 어려서는 할 수 없었던 방식으로 자신을 돌볼 능력이 있다. 예를 들어, 나는 스스로 이렇게 말할 수 있었다.

'낸시, 너는 더 이상 아이가 아니야. 개리가 무슨 짓을 했든 너는 어렸을 때보다 자신을 더 잘 돌보고 보호할 힘과 능력이 있어. 버림받았다는 감정에서 살아남을 수 없다고 느낄지도 모르지만, 사실, 넌 할 수 있어.'

이 사실을 깨닫자, 두려움이 힘을 잃고 희미해지기 시작했고 전두엽은 다시 활성화되었다. 나는 더 이상 공포에 휩싸인 편도체의 손아귀에 휘둘리지 않고 자기 패배 패턴을 끊어낼 더 수준 높은 해결책을 찾을 수 있게 되었다.

사랑하고 믿었던 사람에게 배신당하는 일은 정말 끔찍하다.

나도 겪어보아서 안다. 그 일은 한동안 나를 심한 고통에 빠지게 했지만 나를 파괴하지는 못했다. 사실, 진실을 마주하고 이혼하는 과정에서 나는 더 강해졌다. 더 용감해졌고, 사실을 부정하며 숨기보다 일어나는 일들을 있는 그대로 망설임 없이 보게 되었다. 지금 내 삶은 의도적으로 나를 속였던 사람과 결혼 생활을 할 때보다 훨씬 더 행복해졌다. 살아남을 수 있다는 걸 깨닫자 그렇게 되었다. 정말 꽤 잘 살아냈다.

내담자들도 마찬가지라는 사실을 알게 되었다. 현재 자신들이 믿고 있는 것보다 훨씬 더 용감하고 강인하며 더 역량이 있음을 인지하고 나면 회복력이라는 새로운 능력이 그들을 채운다. 그들을 가두었던 두려움은 힘을 잃고, 삶은 직접적인 위협이 아닌 일련의 선택이 된다.

현실적으로 일어날 수 있는 최악의 상황을 상상하고, 그 결과를 감당할 능력이 있다는 걸 깨달을 때, 이전에는 알지 못했던 새로운 자유와 자신감을 얻게 될 것이다.

ⓘ 주의 사항

반복되는 심각한 트라우마가 있는 이들은 자격을 갖춘 정신 건강 전문가와 이 프로그램을 진행하기를 권장한다. 트리거가 작동하면 감정이 격해지거나 두려움에 사로잡힐 수 있다. 어린 시절, 신체적으로나 성적으로 학대당했다면 심리치료나 영적 지침, 협력 단체의 지원이 도움 될 수 있다.

5단계:
용기 있게 사고한다

우리가 두려움이 아니라 자신감과 가능성에 초점을 맞출 때 우리 뇌는 자신감을 강화하는 새로운 신경 경로를 만든다. 결국, 그 새롭고 긍정적인 신경 경로는 우리가 더 긍정적으로 사고하게 한다. 수년간, 긍정적으로 생각한다는 막연한 아이디어가 스스로 더 나은 미래를 창조하는 방법으로 거론됐다. 하지만 긍정적인 생각을 한다는 모호한 이상은 장기적 변화를 이루기에 충분치 않다. 연구 결과에 따르면 우리 뇌를 변화시키려면 '특정 유형의 집중과 시각화'가 필요하다고 한다.

우리는 생각을 집중하고 공포 중추에서 뇌의 다른 부분으로 에너지를 전달하여, 안전감과 의사결정 선택권, 영적인 깨우침을 높일 수 있다. 그렇게 할 때마다 새 신경 경로가 늘어나고 확장되어 그 활동은 편도체에서 멀어지게 된다. 편도체는 실제로 줄어들 수 있다. 한편, 논리와 감정 조절, 문제해결, 평정심과 연관된 뇌의 다른 부분들은 그 크기가 물리적으로 커질 수 있다.

새로운 기술을 배울 때와 마찬가지로 연습하면 완벽해진다. 운전이나 새로운 요리, 피아노 연주를 배울 때와 같은 방식으로 대처하고 반응하고 느끼는 새로운 방법을 배울 것이다. 반복이 그 열쇠다.

각 장에서는 각기 다른, 흔한 두려움을 다루는 맞춤 훈련을 소개한다. 이 책에 나온 훈련들은 '집중 명상'이라고 하며, 주의력을 집중해 뇌가 각각의 두려움을 처리하는 방식을 변화시킨다. 하지만 먼저 알아둘 것은 훈련을 해나가면서 초기에 느낀 희망이 점차 사라질 가능성이 크다는 사실이다. 즉각적인 결과를 경험하지 못하면, 그 과정에서 믿음을 잃기가 쉽다. 하지만 새로운 기술을 배우는 데는 연습과 노력이 필요하다.

좋은 소식은 명상을 끝마칠 때마다 상처가 조금씩 더 치유되리라는 것이다. 뇌가 재구성되면서 우리 삶은 변화한다. 반복해서 꾸준히 하면 정서적 신경망(emotional neuronal network)의 짜임새를 바꿀 수 있다. 이것이 다른 프로그램이 지속되는 변화를 불러오는 데 실패했을 때 내 접근 방식이 성공한 이유다. 반복적으로 작은 단계들을 밟아가는 이 실용적인 훈련은 우리에게 두려움의 함정에서 벗어나 인식하고 행동하는 방식을 바꾸는 법을 가르쳐준다.

집중 명상 훈련

다음은 15분 훈련이다. 먼저 내용을 모두 읽어본 후, 다음 단계로 넘어갈 시간을 알려줄 타이머를 설정하면 좋다. 요령을 터득할 때까지 한두 번 연습이 필요할 수도 있지만, 매일 이 명상을 훈련하다 보면 뇌를 변화시키고 새로운 신경 경로를 만들 힘이 생길 것이다. 트리거가 작동했을 때 더 빨리 회복할 수 있게 될 것이다. 반복하면 트리거 자체를 피할 수도 있을 것이다.

◆ ◆ ◆

혼자가 되는 두려움에서 벗어나기

시작

먼저 편안한 자세를 취하라. 코로 숨을 들이쉬고 입으로 내쉬어라. 처음에는 호흡이 얕게 가슴 중심으로 이루어질 수도 있다.

복부로 깊이 호흡하는 데 주의를 집중하라. 천천히 호흡할 때마다 배가 팽창하고 수축할 정도로 이완되기까지 시간이 걸릴 수도 있다. 계속 코로 숨을 들이쉬고 입으로 내쉬어라.

5분 경과

이제 더 편안해진 상태로, 과거나 현재의 삶에서 당신에게 안전감을 준 한 사람을 떠올려보라. 그 사람은 가장 친한 친구가 될 수도 있고, 자식이나 배우자, 선생님, 멘토가 될 수도 있다.

숨을 들이쉬고 내쉬면서 이 사람을 생각하라. 몇 번 더 호흡한 후에 당신과 그들의 심장을 잇는 보이지 않는 선을 떠올려보라. 그 연결선과 그들의 존재와 수용이라는 따스함을 경험하라. 그들의 사랑이 몸과 마음에 스며들게 하라(리틀, 브라운 북스 포 영 리더스(Little, Brown Books for Young Readers)에서 2000년에 출간된 패트리스 카르스트(Patrice Karst)의《보이지 않는 끈(The Invisible String)》에서 나온 개념).

7분 경과

과거나 현재에 당신에게 안전감을 준 두 번째 사람을 선택하라. 첫 번째 사람에게 연결된 선을 그대로 두고 다른 선을 두 번째 사람에게 연결하라. 그 사람과 그 사람에게 어떻게 받아들여지고 사랑받았는지를 떠올려라. 마찬가지로 직장 동료나 친척, 어린 시절 친구, 누구라도 상관없다.

숨을 들이쉬고 내쉬면서 이 두 사람을 생각하라. 이 안전하고 사랑하는 두 사람과 연결된 선을 통해 흐르는 사랑에 흠뻑 젖어들라. 두려워질 때면 혼자라고 느끼기 쉽지만, 그럼에도 삶에는 당신을 수용하고 사랑하는 사람들이 있다는 사실을 기억하라.

9분 경과

세 번째 사람을 명상에 추가하라. 과거나 현재에 당신을 보살펴준 또 다른 사람을 떠올려라. 당신을 격려와 희망으로 채워주는 누군가를 선택하라.

그 사람은 당신이 무엇이든 될 수 있도록 영감을 주는 사람, 어려운 일을 겪을 때도 당신을 믿어주는 사람일 수 있다. 외롭고 두려울 때 찾아갈 수 있는 사람이다. 그 사람에게 선을 연결하고 그 사람이 지금 당신의 삶이나 기억 속에 있다는 것을, 영원히 그곳에 있으리라는 것을 의식하라. 이 세 사람의 온기 안에 머물라.

11분 경과

이 안전하고 사랑하는 세 사람과의 연결선을 유지하라. 이제 자신을, 당신을 수용하고 사랑하는 네 번째 사람으로 상상하라. 그 원 안에 자신을 넣으면, 이제 당신은 네 사람에게 연결되어 있다. 당신이 필요로 하고 마땅히 받아야 할 사랑과 수용을 자신에게 전하라.

- 숨을 들이쉬며 말하라. "나 자신을 온전히 받아들인다."
- 숨을 내쉬며 말하라. "나는 강하고 능력 있다."
- 이 확언을 반복하라.
- 나 자신을 온전히 받아들인다.
- 나는 강하고 능력 있다.

14분 경과

비록 작은 걸음처럼 느껴질지라도, 당신은 이 명상을 통해 변화했다. 뇌는 안정되었다. 뇌의 공포 중추는 전환되었고 전두엽은 자극받았다. 작긴 해도, 새로운 신경 경로가 형성되었다. 이 경로는 이 명상을 할 때마다 강해질 것이다.

이제 손가락과 발가락을 꼼지락거려 천천히 바깥세상으로 나오라. 심호흡을 몇 번 더 하라. 당신은 이제 당신 앞에 다가오는 어떤 일에도 직면할 새로운 활력이 생겨 삶에 뛰어들 준비가 되었다.

명상 종료

이 명상으로 신경 경로가 강화되고 뇌에 새로운 습관이 만들어질 테니, 40일 동안 매일 해보기를 권한다. 혼자라고 느껴질 때, 자신을 위로하고 삶에 자신을 사랑하는 사람들이 있다는 사실을 떠올리기가 더 쉬워질 것이다. 무엇보다 중요한 것은 당신이 자신을 사랑하고 자신의 의지와 회복력을 믿는다는 사실을 더 쉽게 기억해내리라는 점이다.

6단계:
두려움의 함정에서 벗어난다

어떤 상황에서도 차분한 사고로 반응하여 건강한 결정을 내릴 수 있는 삶을 상상해보라. 그게 바로 내가 원했던 삶이며 당신도 그러리라 생각한다. 나는 혼자가 되는 게 너무 두려워 결혼생활에 실제로 일어나고 있던 일들을 외면해버렸다. 하지만 이제 내 목표는 진실 속에 사는 것이다. 설령 그것이 어렵고 힘들지라도, 나에게 다가오는 일들을 감당할 수 있다는 사실을 깨달았기 때문이다.

나는 새로운 관점으로 나 자신과 딸들을 위해 충만한 새 삶을 만들 수 있었다. 시간이 지나면서 더 이상 트리거에 휘둘릴 필요가 없음을 깨달았다. 더 이상 과거의 끔찍한 경험을 반복할 필요가 없었다. 사실 최악의 두려움이 실제로 일어나는 일은 거의 없다. 하지만 우리는 그 일이 일어날지도 모른다고 생각하며 두려움의 함정에 빠진다. 우리가 정말로 살아남을 수 있다는 사실을 깨달을 때, 우리는 돌연 마음에서 키운 자기 제한적 두려움으로부터 해방된다.

정원에서의 그 끔찍한 날로부터 5년 후, 개리에게서 편지가 왔다. 편지를 집어 들자 희미한 향수 냄새가 내 코끝을 스쳤다. 이번에는 아무런 영향도 받지 않았다. 트리거는 전혀 작동하지 않았다.

편지에는 그가 재혼했다고 쓰여 있었다. 조금 쓰라린 감정이 들었지만, 나는 이미 내 삶에 아주 만족하고 있었다. 그 무렵 연애를 시작했고 새로운 관계를 즐기고 있었다. 하지만 나는 살아남기 위해 남자가 필요하지 않다는 사실도 알고 있었다. 나는 편지를 손에 들고 정원을 걸었다. 내가 심은 아이리스는 활짝 피어, 아름답고 씩씩하게 태양을 향해 꽃대를 바짝 세우고 있었다. 두려움의 함정에서 벗어난 뒤, 나는 이전에는 상상도 못 했던 만족감과 자신감을 한껏 느끼며 미소 지었다.

당신도 할 수 있다.

요점 정리

- 어린 시절, 우리는 어른들의 돌봄과 보호가 필요했다.
- 또한 두렵고 어려운 상황에 대처하는 법을 보여줄 어른 역할 모델이 필요했다.
- 적절한 역할 모델 없이는 두려움을 적절히 극복하는 방법을 알지 못한 채 성장할 수 있다.
- 과거의 트라우마와 그로 인해 겪은 고통스러운 감정은 뇌 안에서 신경 경로를 통해 뇌에 기록된다.
- 트라우마가 된 기억과 감정을 정서적 핵심 상처라고 부른다. 이 상처는 성년기까지 이어질 수 있다.

- 트리거는 현재의 사건이 과거의 트라우마를 떠올리게 할 때 작동한다.
- 트리거가 작동하면 편도체(공포 중추)가 뇌를 장악한다.
- 편도체가 뇌를 장악하면 논리적 사고, 관찰, 협상, 문제해결 능력을 관장하는 전두엽과의 연결이 끊어진다. 이것이 바로 두려움의 함정이다.
- 두려움의 함정에 빠지면 우리는 과거의 트라우마를 재생한다. 트라우마가 생겼던 때의 나이로 돌아가 사고하고 행동하게 된다.
- 현재의 사건이나 상황에 과잉 반응할 때 트리거가 작동되었음을 깨닫는다.
- 부정적인 자기 대화는 트라우마 신경 경로를 강화하고 행동과 태도에서 자기 패배 패턴을 더욱 깊게 새긴다.
- 과학자들은 뇌가 변할 수 없다고, 특히 나이가 들면 더 그렇다고 믿었다. 그들은 틀렸다. 우리는 뇌에 새로운 신경 경로를 추가하여 두려움의 함정에서 멀어지도록 에너지 흐름을 재설정할 수 있다.
- 반복적인 정신 집중과 시각화를 통해 새로운 신경 경로가 형성된다.
- 새로운 신경 경로는 우리에게 자기 패배 패턴에서 벗어나 자신을 성장시키는 새로운 패턴을 만들 기회를 준다.

"나 자신을 온전히 받아들인다."
"나는 강하고 능력 있다."

2

FEAR TRAPSE

거절당할까 두려운가?

FEAR TRAPSE

ESCAPE THE TRIGGERS THAT KEEP YOU STUCK

> 그리고 꽃을 피우는 위험보다
> 봉오리 안에서 꼼짝 못 하는 위험이
> 더 고통스러운 그날이 왔다.
>
> ─
>
> 아나이스 닌(Anaïs Nin)

이저벨라의 절박한 목소리가 수화기를 뚫고 나왔다.

"스텔라 박사님? 심각한 불안으로 고통받는 사람들을 도와주신다고 들었는데요. 제가 정말 심란해서요. 오늘 만나 뵐 수 있을까요?"

그날 오후 이저벨라는 상담실로 와서 두 손을 쥐어짜며 붉게 물든 눈으로 나를 쳐다보았다. 175센티미터 정도의 키에 긴 적갈색 머리칼, 녹색 눈, 모델 같은 존재감이 있었지만 남의 옷을 입은 듯 어색한 모습이었다. 그녀가 자리에 앉자마자 나는 무엇이 그녀를 괴롭게 했는지 이야기해달라고 했다.

1단계:
당신의 이야기를 한다

이저벨라는 최근에 잭이라는 남자를 만났다고

주저 없이 이야기했다. 그녀의 얼굴에 미소가 번졌다.

"정말 멋진 사람이에요. 만난 지 3개월 남짓이지만, 여태껏 잭처럼 제 마음을 움직인 사람은 없었어요. 아마 제가 만난 사람 중 가장 명확하고 침착한 사람일 거예요. 잭과 함께 있을 땐 정말 안전하다고 느껴져요."

그러고는 고개를 저었다.

"그게, 함께 있으면 안전하게 느껴졌었죠. 이번 주까지는요. 잭이 출장을 가면서, 가 있는 동안 전화하겠다고 했어요. 첫째 날 밤에, 바쁘지만 제 생각이 났다며 다음 날 전화하겠다는 메시지가 왔어요. 둘째 날이 됐지만 전화는 오지 않았죠. 어제로 사흘째 전화가 오지 않았고 저는 어젯밤에 완전히 무너져버렸어요. 너무 부끄러워서 이혼 회복 모임 사람들에게도 제가 이렇게 행동하고 있다고 말하지 못했어요. 하지만 친구 세라에게 전화했더니 선생님을 추천해주었어요. 저는 완전히 엉망진창이에요."

나는 미소 지었다.

"연락해줘서 고마워요. 잭에게서 며칠 동안 연락이 오지 않았다는 거죠?"

그녀는 고개를 끄덕였다.

"너무 속상하고 불안해요. 제가 과민 반응하고 있다는 것도 알아요. 하지만 감정을 주체할 수가 없어요. 자포자기에 애정결

핍 같아요."

나는 함께 이 장애물을 넘을 수 있다며 이저벨라를 안심시켰다. 그리고 그녀가 느끼는 두려움을 설명해달라고 했다.

"잭이 저를 버릴까 봐 무섭고……."

잠시 멈췄다가 말했다.

"그 사람을 잃으면 견딜 수 있을지 모르겠어요."

그녀는 창밖으로 눈길을 돌렸다.

"자신이 무너질까 두려운 건가요?"

그녀는 고개를 끄덕였다.

"제가 감당하지 못하면 어쩌죠? 이혼을 간신히 버텼는데, 또다시 잊지 못할 실망감을 받아들일 수 있을지 정말 모르겠어요. 게다가 이제 막 새 일을 시작했는걸요. 우울감에 빠지거나 일에 지장을 줄 순 없어요. 이 일을 감당 못 해서 실직하면 어쩌죠?"

이저벨라는 이 새로운 관계를 상실하면 살아남지 못할까 봐 겁에 질려 있었다. 생존은 우리 모두가 가진 가장 강력한 욕구다. 누구나 삶에 어떤 일이 일어나 신체적, 재정적, 심리적으로 생존하지 못할까 두려워한다.

나는 어린 시절에 관해 물었다. 이저벨라에게는 가깝게 지내지 않는 오빠가 하나 있었다. 아버지는 걸핏하면 화를 내고, 툭하면 울고, 오랫동안 행복했던 적이 거의 없는 사람으로 묘사했다. 어머니는 말수가 적고 냉정한 사람이었고, 영국에서 태어나고 자라 자주 그곳에 다녀오곤 했다. 그러던 중, 어머니는 한 남자를 만났다.

"엄마는 돌아와서 이혼을 요구했어요."

이저벨라가 설명했다.

"그때 열세 살이던 저는 제발 가지 말라고 애원했지만, 엄마는 결혼생활이 비참하다고 했어요. 엄마에게 런던으로 같이 가도 되냐고 물었지만, 안 된다는 대답이 돌아왔어요."

이저벨라는 숨을 한 번 들이쉬고 이어갔다.

"엄마가 떠날 때 우리는 모두 거실에 서서, 각자의 고통에 빠져 있었어요. 아버지는 충격을 받았고, 오빠는 한쪽에 서서 노려보고, 저는 엄마에게 매달렸어요. 엄마가 저를 내려다보며 '나중에 너도 사랑을 하게 되면 이해할 거야'라고 말했어요. 그리고 떠났어요. 저는 넋을 잃고 있는 아버지를 향해 '왜 엄마를 막지 않아요? 못 가게 해요!'라고 했고, 아버지는 울컥해서 나가버렸어요.

열일곱 살이던 오빠는 저를 보고 '이 멍청아! 그런 건 영화에서나 있는 일이야!'라고 했어요. 그러고는 자기 방으로 들어가 문을 쾅 닫아버렸죠.

엄마의 부재는 우리 모두를 망가뜨렸어요. 아버지는 마음을 닫아버리고 아주 서글픈 사람이 되어버렸죠. 오빠는 고등학교를 그만두고 철물점에 취직해 집을 나갔고요. 오빠는 아직도 독신이고 아버지도 재혼하지 않았어요. 둘 다 전반적으로 여자에 관해 매우 비관적이에요. 가끔 아버지와 오빠에게 전화를 하지만, 제가 뭘 해줘도 행복해하지 않으니 쓸데없는 일이나 마찬가지죠. 제가 효과적으로 감정을 다스리거나 원활하게 소통하는 법을 배우지 못한 게 당연하지 않아요?"

이저벨라는 자기 부모, 특히 아버지와 전혀 다른 배우자를 찾겠다고 다짐하며 대학에 갔다.

"감정에 휘둘리지 않는 남자를 만나고 싶었어요. 아버지는 엄마를 너무 빨리 포기하기도 했으니까요. 대학 2학년 때 폴을 만났어요. 폴의 기분은 아주 예측하기 쉬워서 함께 있는 게 편했어요. 제가 졸업하고 6개월 후, 스물두 살이 되었을 때 결혼했죠."

이저벨라는 폴이 완벽한 남자라고 생각했다. 그는 침착하고 안정적이었다. 아버지와는 정반대였다.

ℹ️ 외로움의 대가

버려지는 것과 거부당하는 것은 서로 다른 경험이다. 하지만 두 가지 모두 우리가 혼자라고 느끼게 할 수 있다. 고독감과 고립감, 단절감은 유행병 수준이다. 2018년, 시그나(Cigna)에서 성인 2만 명을 대상으로 연구를 진행해 'UCLA 외로움 척도(UCLA loneliness scale)'를 완성했다. 그 연구 결과는 다음과 같다.

- 응답자의 거의 절반이 가끔 혹은 항상 고독감이나 소외감을 느낀다고 보고했다.
- 네 명 중 한 명은 사람들이 거의 혹은 전혀 자신을 이해하지 못한다고 느낀다고 답했다.
- 약 47%가 의미 있는 대면 상호작용을 매일 하지 않는다고 느꼈다.
- 43%가 다른 이들에게서 고립감을 느낀다고 보고했다.
- 가장 고독한 그룹은 아이를 혼자 키우는 부모와 18세에서 22세의 성인이었다.

고독감을 느끼는 원인이 항상 명백하지는 않지만, 외로움이 우울과 불안, 중독, 자살, 건강 악화 증가율과 상관관계가 있다는 것은 알려진 사실이다.

인간관계는 한순간에 이루어지지 않는다. 관계를 형성하는 데는 시간이 걸린다. 우리는 즉각적인 만족감을 원하는 조급한 사회에 살고 있다. 그러나 대략 여덟 번의 대화가 오간 후에야, 우정이 시작된다는 통계가 있다. 관계는 신뢰를 쌓고, 서로에 대해 배우며, 유대감이 형성되는 시간이 필요하다.

사람은 본래 사회적 동물이기에 고립이 문제가 된다. 우리가 창조한 사회는 우리에게 다른 사람이 필요하다고 강조한다. 우리는 상호작용을 찾고 가족을 이루고 협력하는 사회, 서로 보살피고 보살핌을 받는 사회를 건설하려 애쓴다. 그 결과, 거절과 고립은 자연히 고통스러워진다.

벽을 쌓고 살아가면 – 이미 형성된 관계에서도 – 자신을 방어하기 위해 엄청난 대가를 치르게 된다. 물론 우리는 상처를 받거나 받아들여지지 않으리라는 불안감을 느끼고 싶어 하지 않는다. 그래서 스스로를 고립시키고 세상과 단절하면 자신을 보호할 수 있는 듯 보인다. 하지만 우리는 관계를 맺도록 설계되었기에 단절감을 느끼면서 진정으로 만족하기란 불가능하다. 이것이 당신이 치르고 싶은 대가인가?

2단계:
트리거를 찾는다

이저벨라에게 이야기를 계속해달라고 했다. 첫 아이가 태어난 후, 이저벨라는 폴에게서 보였던 안정감이 실은 정서적 경직이라는 것을 깨달았다. 사실, 그는 어떤 형태의 감정 표현도 거의 용납하지 않았으며, 그것을 나약함의 표시로 여겼다. 이저벨라가 막 태어난 아기를 돌보며 좌절하거나 무력감을 느낄 때면 폴은 그녀를 비판했다. 이저벨라가 감당하기 힘들어할 때마다 폴은 그녀를 상대하지 않았다.

"엄밀히 말해, 제가 폴을 가장 필요로 할 때 그는 사라져버렸어요."

이저벨라는 설명했다.

"아버지 같은 사람과 결혼하지 않으려다가, 실은 엄마 같은 사람과 결혼했다는 걸 그때 알게 됐죠. 엄마는 어떤 문제에도 맞서지 않았어요. 도망가는 게 싫은 일에 대처하는 엄마의 방식이었죠."

곧, 이저벨라의 감정 표현이 결혼생활에서 끊임없는 갈등의 원인이 되었다. 그녀는 극심한 불안에 빠져 어머니가 그랬듯 폴도 떠날까 봐 두려워했다. 그리고 결국 그 두려움은 현실이 되었다. 이저벨라의 두려움이 커지면서 폴이 떠나지 않기를 바라는 절박함도 커졌다. 그녀가 확신을 요구하면 할수록 그는 더욱 멀어졌다. 폴은 늦게까지 집에 돌아오지 않고 혼자 외출하고 육아를 돕지 않기 시작했다.

"이혼 자체는 끔찍했어요. 딸 때문에 정신을 차리지 않았다면 그냥 잠이 들어 영원히 깨지 않았을 거예요. 폴 없는 인생은 살고 싶지 않았어요."

이저벨라는 반드시 '죽음이 우리를 갈라놓을 때까지' 결혼생활을 할 생각이었다. 그래서 폴이 집을 나가 다른 여자와 합쳤을 때 그녀는 엄청난 충격에 빠졌다.

"폴을 잃었을 때, 엄마가 떠났을 때와 똑같은 감정을 느꼈어요. 완전히 거부당한 기분이었어요."

"이저벨라, 어머니가 떠났을 때와 똑같이 느껴졌어도, 당신 결혼의 결말은 전혀 달라요."

나의 지적에 이저벨라는 충격받은 듯 보였다.

"무슨 말씀이세요? 두 사람 다 저를 떠났잖아요!"

"네, 맞아요. 하지만 어머니가 떠났을 때 당신은 어린아이였어요. 어머니가 어머니로서 책임을 저버린 거죠. 하지만 결혼생활이 끝났을 때 당신은 어른이었어요."

그녀는 고집스럽게 이어갔다.

"하지만 폴도 남편으로서 책임을 저버린 게 아닌가요?"

나는 고개를 끄덕였다.

"네, 맞아요. 하지만 어른이 다른 어른과 관계를 끝내는 건 아이를 버리는 것과는 전혀 다른 차원의 문제예요. 어렸을 때 겪은 트라우마가 당신의 핵심 상처가 된 거죠."

이저벨라는 잠시 생각에 잠겼다가 이내 눈을 반짝였다.

"그래요, 이제 알겠어요. 그게 제 핵심 상처군요."

"폴의 상처 주는 행동이 어린 시절의 깊은 상처를 건드린 거예요."

나는 계속 설명했다.

"아이였을 때는 실제로 생존을 위협받았어요. 본질적으로 자기 삶을 감당할 힘도 없는 아버지와 본인도 아이였던 오빠의 보호 아래 남겨진 거죠."

그녀의 눈에 눈물이 차올랐다.

"끔찍했어요."

"네, 그렇지만 결혼생활이 끝났을 때 당신은 어린아이가 아니었어요. 성인 여성이었죠. 물론 끔찍하고 고통스러운 일이죠. 누구도 그런 고통을 겪고 싶어 하진 않아요. 하지만 거기엔 아주 큰 차이가 있어요. 뭔지 알겠어요?"

이저벨라가 크게 한숨을 내뱉었다.

"네, 이성적으로는요. 하지만 두 경험 모두 너무나 고통스러웠어요."

나 자신도 이혼을 겪었기에 나는 이저벨라가 경험한 것이 무엇인지 잘 알고 있었다.

"당연히 둘 다 고통스럽죠. 하지만 이혼이 어린 시절 핵심 상처를 휘저어놓았기 때문에 오히려 더 아프게 느껴졌던 거예요. 트리거가 작동한 거죠. 그리고 그게 바로 폴이 떠났을 때 그토록 고통스러웠던 이유예요."

이저벨라의 첫 번째 트리거: 약속해놓고 전화하지 않은 잭

대부분 사람이 삶의 여러 순간에 트리거를 경험한다. 과거 트라우마가 심할수록 그 반응이 더 심해지는 경우가 많다. 시간이 지나면서, 이저벨라는 예상했던 것보다 독신생활에 더 잘 적응했다.

"폴과 떨어져 있는 시간이 길어질수록 저 자신에 대해 더 긍정적으로 느끼게 됐어요."

그녀는 말했다.

"그의 존재가 제게 그렇게 좋은 영향을 주지는 않았던 거예요. 솔직히 말해서, 그 사람이 없는 게 저에겐 더 나아요. 저는 의류 가맹점에 물건을 납품하는데 구매 담당자 하나와 친구가 되었어요. 세라도 이혼을 겪었죠. 저를 이혼 회복 지원 모임에 초대해주었고, 그건 정말 큰 도움이 되었어요. 저와 같은 일을 겪고 있는 사람들을 많이 만났고, 그들도 살아남았으니, 저도 할 수 있다고 생각했어요. 게다가 모임에는 남자들도 있어서 그중 몇 명과 데이트도 했고요. 지금까지 몇 년간 정신적으로 강하게 지내왔고, 관계를 끝내는 사람도 항상 저였어요. 그러다 잭을 만난 거예요."

이서벨라가 손에 얼굴을 묻었다.

"지금의 저를 보세요. 완전히 폐인이에요."

잭의 출장 사흘째에 트리거가 작동했고, 이저벨라는 거절당한다는 두려움이 맹렬히 밀려들어 덜컥 겁이 났다. 잭이 전화하지 않은 데 대한 격앙된 반응은 혼자가 되고 거부당한다는 뿌리 깊은 두려움 - 어머니가 떠났을 때 느끼고 그 후 결혼생활이 끝났을 때 증폭된 바로 그 감정 - 을 되살아나게 했다. 그녀는 아주 가까운 두 사람을 잃었고 그 상실감은 이루 말할 수 없이 고통스러웠다.

트리거가 작동하면 우리는 현재 상황이 아니라 과거 트라우마가 된 경험에 반응하는 거라고 나는 설명했다. 결혼이 파경을 맞기 전, 그녀의 전남편은 종종 전화하기로 약속해놓고 하지 않았다. 침묵은 결혼이 끝나고 있다는 신호였다. 이저벨라는 이혼과 과거의 다른 심각한 실망감을 다시 경험하고 있었다.

잭이 폴과 같은 종류의 남자였던 걸까? 전화한다고 해놓고 하지 않았어. 이게 잭에겐 어떤 의미지? 출장에 무슨 문제가 생긴 걸까? 너무 피곤하고 바빴나? 이 관계를 다시 생각하며 흥미를 잃고 있는 걸까? 아니면 단순히 잊어버렸나? 이저벨라는 그 침묵이 무엇을 의미하는지 알지 못했다. 하지만 남자의 침묵이 자신의 트리거임을 깨달았다.

'트리거가 작동하면 우리는 현재 상황이 아니라 과거 트라우마가 된 경험에 반응한다.'

이저벨라의 두 번째 트리거: 깊은 애착의 시작

우리는 자녀, 부모, 친한 친구, 배우자 등 다양한 형태의 관계속에서 사랑을 한다. 사랑을 하는 경험은 흔히 깊은 소속감과 연대감을 불러일으킨다. 사랑은 커다란 행복과 기쁨을 느끼게 한다. 동시에, 이 강렬한 연대감은 극도의 취약성과 잠재적 상실의 두려움을 불러일으키기도 한다.

이저벨라는 잭을 향한 감정의 깊이에 압도당했다. 새로운 누군가에게 가까워진다는 가능성이 며칠 전보다 훨씬 더 위험해 보였다. 이저벨라는 사랑을 불안정하고 위험하며 끔찍하게 고통스러운 감정과 연관시켰다. 애착이 깊어질수록 더 혼란스럽고 두려워졌다. 그녀는 이 남자가 그녀의 핵심 상처를 다시 한 번 되살릴까 두려워졌다.

3단계:
자기 파괴 패턴을 묘사한다

앞서 논의한 대로 위험에 처했다고 느낄 때 편도체(공포 중추)는 활성화된다. 이때, 아드레날린처럼 강력한 호르몬이 신체에 분비되고, 혈액이 팔다리로 집중되어 위험에 빠르게 대응할 수 있도록 한다. 그러면 우리에게는 싸우거나 도망가거나 얼어붙는, 세 가지 선택지만이 남는다.

편도체에는 시간이라는 개념이 전혀 없다. 편도체는 과거 혹은 현재의 경험이나 미래에 대한 걱정을 구분하지 못한다. 편도체는 바로 지금이라는 단 한 가지 현실만을 안다. 그렇기 때문에 트리거가 작동하면 과거의 트라우마를 – 처음 그 일을 겪었을 때 느꼈던 고통까지 모두 함께 – 현재 그 일이 일어나고 있는 것처럼 다시 경험하게 된다. 이에 따라, 관점을 유지하거나 미묘한 차이를 인식하거나 다른 관점으로 상황을 볼 기회가 거의 없어진다.

그래서 우리는 지나치게 공격적이 되거나 요구가 많아지고(투쟁), 도망가거나 관계를 갑작스럽게 끝내고(도피), 대화를 거부하고 정신을 놓고 상황과 자신을 분리하는(경직) 등 과잉 반응을 보인다. 이 모든 반응은 장기적으로 건강한 관계를 유지하는 데 매우 좋지 않은 전략으로 드러났다.

우리는 이저벨라의 가족에게서 이 세 가지 유형의 반응을 모두 볼 수 있다.

- 투쟁: 이저벨라는 투쟁하는 사람이다. 어머니가 떠나지 못하게 하려고 노력했다. 폴에게 떠나지 말라고 애원하며 가족을 지키려고 자신이 할 수 있는 모든 노력을 했다.
- 도피: 그녀의 어머니와 오빠는 갈등으로부터 도망치는 유형이었다. 어머니는 현재의 결혼생활 문제를 해결하는 대신 런던으로 떠나버렸다. 이저벨라의 오빠는 열일곱 살에 집을 떠나 정착하지 못했다.

- 경직: 이저벨라의 아버지는 마음을 닫고 어려운 상황과 마주하기를 거부했다. 자신을 고립시키고 인생이 그저 흘러가게 내버려두는 서글픈 사람이 되었다.

실제 위험 상황에서는 이러한 행동들이 적절하다. 하지만 트리거가 작동하면 사건의 실제 규모보다 과하게 반응하게 된다. 이런 반사 작용을 일상적으로 받아들이면 자기 파괴 패턴이 형성된다. 계속해서 도망치거나 공격적이 되거나 아무것도 하지 않고 소통을 끊어버리면 건강한 관계를 구축하는 일은 거의 불가능해진다. 우리는 종종 마음이 진정된 후에 부적절하게 행동했다는 사실을 깨닫기도 한다. 하지만 많은 사람이 이런 패턴을 인식하는 데 오랜 시간이 걸린다.

'트리거가 작동하면 사건의 실제 규모보다 과하게 반응하게 된다.'

자기 파괴 패턴 1: 버려진다고 상상하며 공격적으로 방어하기

이저벨라에게 물었다.
"잭이 전화하지 않았을 때 당신의 첫 반응은 어땠나요?"
그녀는 멋쩍은 미소를 지었다.
"예전에는 전남편에게 전화를 걸어 그가 얼마나 저를 실망시켰고, 얼마나 믿을 수 없는 사람인지 길고 증오에 찬 음성 메시지를 남기곤 했어요. 이번에도 잭에게 같은 종류의 메시지를 남기려고 전화기를 들었다가 순간, 이 새로운 연인관계에서 나올 수 있는 게 무엇이든 그걸 망칠 수도 있다는 걸 깨달았어요. 그래서 박사님께 전화한 거예요."

"자신을 보호하는 행동 같은 걸 하고 싶었나요?"

그녀는 고개를 끄덕였다.

"네. 한심하게 싸워보지도 않고 엄마를 떠나게 놔둔 아버지처럼 그냥 앉아서 기다리고 싶지는 않았어요. 세라가 이해해주길 바라며 전화했지만요."

"그런데 그녀는 이해하지 못했나요?"

"정확히는 그래요. 세라는 '이 남자에게 휘둘리지 마. 믿을 수 없는 남자라면 걷어차버려'라고 했어요."

"세라도 이혼을 겪었죠?"

이저벨라가 다시 고개를 끄덕였다.

"네. 어떤 면에서는 제 이혼보다 훨씬 더 끔찍했어요. 부부가 같이 사업을 했는데, 알고 보니 남편이 비밀 계좌로 수천 달러를 빼돌리고 있었던 거예요. 남편이 바람을 피운 것도 아니었어요. 그저 친구들 앞에서 실제보다 더 부자인 척하고 싶었던 거죠. 세라가 그 사실을 알았을 때는 이미 너무 늦은 상황이었어요. 돈은 모두 사라져버렸고, 집을 잃고 이혼 과정에서 파산신

청까지 해야 했어요."

"그래서 이해하지 못하는 친구에게 어떤 감정이 들었나요?"

그녀는 어깨를 으쓱했다.

"그냥 그 친구가 그래요. 목숨이 아홉 개 있는 고양이처럼 넘어지지 않고 일어섰죠. 이번에는 새로 디자인 사업을 시작했는데 그 계기로 세라와 만나게 된 거예요. 불과 2년 만에 그 지역에서 디자이너로 성공했어요. 세라는 남편에게 속아서 괴로워했어요. '그 사람은 맨날 거짓말만 늘어놓는 우리 아버지랑 똑같아. 내가 그런 속임수에 넘어갈 줄은 몰랐어'라고 하면서요."

나는 미소 지었다.

"이제 알겠어요. 친구는 다른 유형의 핵심 상처가 있네요. 그녀는 거짓말하는 사람에게 상처받았기 때문에 당신과 같은 방식으로 반응하지 않은 거예요. 아버지에게 거부당했다고 느끼지 않아서, 이혼도 거절로 경험하지 않은 거죠. 대신 친구는 자신도 당신도, 속았기 때문에 화가 난 거예요."

이저벨라의 얼굴에 옅은 미소가 떠올랐다.

"네, 그거 말 되네요. 트리거는 내 경험에서 오는 거니까. 맞죠?"

"맞아요. 그래서 당신은 트리거가 작동하면 자신에게 어떤 말들을 하나요?"

"그게, 저는 실패자라고요. 어떤 남자와도 잘되지 못할 거라고. 잭도 제가 사랑했던 다른 사람들과 다를 바 없고, 머지않아

그도 저를 떠날 거라는, 그런 말을 해요."

트리거가 작동하면 우리는 자신에게 종종 무섭고 잔인한 말을 하게 된다고 나는 지적했다. 다음은 내담자들에게서 들은 부정적인 자기 대화의 몇 가지 예시다.

- 나는 항상 잘못된 사람과 사랑에 빠져.
- 모두가 나를 실망하게 하는데 애써봤자 뭐 해?
- 다시 사랑하기엔 너무 망가졌어.
- 또 누군가가 나를 떠난다면 견딜 수 없어.
- 왜 이런 패턴을 멈출 수 없을까?

트리거에 반응할 때 우리는 부정적인 자기 대화에 빠져든다. 그 결과, 부정적인 자기 대화는 두려움을 증폭시킨다. 그 동력은 악순환으로 이어지고, 모든 것이 삶이나 죽음, 생존이나 파멸, 죽거나 죽이거나 같이 극단적으로 느껴진다. 스스로에게 말할 때 '항상'이나 '모두', '견딜 수 없어' 같은 극단적인 단어를 사용하고 있지는 않은지 주의 깊게 살펴보라. 이런 단어에는 오직 두려움뿐, 진실은 없다.

두려움 때문에 연민이나 통찰, 이성 없이 행동하면 누군가는 상처 입게 마련이다. 사랑하는 사람을 학대하거나 관계에 해를 끼칠 수도 있다. 많은 경우, 결국에는 자신이 상처받게 된다. 이저벨라의 두려움은 혼자가 되는 것이었다. 그녀가 이런 자기 파괴 패턴을 반복한다면 자신도 모르게 그 두려움을 현실로 만들 것이었다.

자기 파괴 패턴 2: 상처받기 전에 그 상황에서 도망치기

이저벨라는 잭에게 전화해 관계를 끝내고 싶은 충동을 느꼈다고 털어놓았다.

"폴이 떠났을 때 저는 어떤 남자도 다시는 제게 그런 짓을 못하게 하겠다고 맹세했어요. 그게 세라의 조언이었어요. '먼저 헤어지자고 해. 차이지 말고'라고요."

"먼저 헤어지자고 해서 그 사람이 헤어지자고 하는 상황은 피하는 거군요?"

그녀는 고개를 끄덕였다.

스스로에게 말해왔던 부정적인 생각을 더 알려달라고 하자, 그녀는 다음과 같이 대답했다.

- "또 다른 남자가 자기를 떠나게 두는 건 바보뿐이야."
- "그 사람한테 절대 우는 모습을 보이지 않을 거야."
- "전화하기로 한 약속을 깬 벌을 주고 싶어."
- "자기가 뭐라도 되는 줄 아나? 아무것도 아니면서."
- "어차피 잭한테 신경 안 써."

"하지만 정말로 원하는 건 뭐죠?"

그녀에게 묻자, 그녀의 두 눈에 다시 눈물이 차올랐다.

"가능하다면, 우리 사이가 잘됐으면 좋겠어요. 잭이 믿을 수 있는 사람인지, 우리에게 미래가 있는지 알고 싶어요."

"그러면 거절을 피하려고 관계를 끝내는 건 진짜 원하는 일과는 반대네요?"

"그다지 좋은 전략은 아니죠?"

나는 대답했다.

"아니죠. 두려움이 시키는 대로 행동하면 원하거나 필요한 건 좀처럼 가질 수 없어요."

4단계:
최악의 시나리오를 상상한다

이저벨라는 또다시 거부당하면 죽을 것 같다는 그릇된 믿음을 가지고 있었다. 거절당한다는 문제와 싸울 때 우리는 종종 나약하다고 느끼지 않으려 노력한다. 이런 취약성을 무방비 상태와 동일시하기는 쉽다. 하지만 진짜 취약성은 자신을 알고 이해하고 믿는 힘에 달려 있다.

합리적으로 사고할 때, 즉 전두엽이 활성화되었을 때, 이저벨라는 잭이 관계를 끝내더라도 자신이 말 그대로 죽지는 않을 것을 알았다. 하지만 거절이라는 두려움의 함정에 빠졌을 때는 다시 한번 어머니에게 버림받은 어린아이처럼 느끼고 생각했다. 두려움의 함정에 갇혀 성인으로서 자신을 돌보고 보호할 능력을 잃고 말았다.

'두려움이 시키는 대로 행동하면 원하거나 필요한 건 좀처럼 가질 수 없다.'

부정적인 자기 대화

감정은 우리가 생각하고 행동하는 방식에 쉽게 영향을 준다. 우리가 그런 힘을 준다면 말이다. 하지만 그 반대로도 작용할 수 있다. 우리는 생각과 행동을 선택해 우리 감정을 건강한 방향으로 이끌 수 있다. 내 접근 방식에 녹여낸 인지행동치료(Cognitive behavioral therapy, CBT)는 생각하고 행동하는 방식을 변화시켜 감정을 바꾸는 데 초점을 둔다. 우리가 스스로나 타인에 대해 부정적으로 생각하면 우리는 위험하고 불편한 감정을 느낄 가능성이 크다. 반면 긍정적으로 생각하면 안정감과 만족감을 느낄 가능성이 더 크다. 전문가들은 부정적인 사고와 그로 인해 뇌에서 분비되는 화학물질이 우울과 불안, 불행을 일으킨다고 믿는다. 우리는 어떤 생각에 집중할지 선택함으로써 우리가 아는 것보다 더 큰 힘을 갖게 된다.

부정적인 자기 대화를 끊어내지 않으면 마음은 진정되지 않고 편도체에서 빠져나올 수 없게 된다. 다음은 자기 패배적인 마음의 속삭임, 그 네 가지 유형이다.

- 부정적인 자기 대화: 사기와 의욕을 꺾는 실제 혹은 내면의 대화
- 부정적 자동 사고(negative automatic thought): 어떤 상황이 감정적인 불편을 유발할 때 자동으로 발생하는 비생산적인 생각
- 비합리적인 믿음: 우리 마음이 진실로 받아들이는 비논리적이고 매우 제한적인 결론
- 비관적인 사고: 일어날 가능성이 희박한 최악의 시나리오를 향한 지속적이고 비이성적인 걱정

우리는 함께 이저벨라가 느끼는 최악의 두려움, 잭이 자신을 떠날 거라는 두려움의 함정을 대면하기로 했다. 그 일이 현재 시점에서 정말 일어나고 있다 가정하고 어떤 기분이 드는지 설명해보라고 했다.

"잭이 출장에서 돌아와 다시는 전화하지 않고 아무 설명도 없이 그냥 저를 무시할 거로 생각해요."

"잭에게 다시는 연락이 오지 않는다면 어떻게 될까요?"

"절망에 빠져 그에게 이유를 말해달라고 조르고 싶을 거예요."

"그 사람이 거절하면요?"

"화가 나고 상처받겠죠. 끔찍할 거예요."

"그 외에 또 두려운 게 있나요?"

이저벨라는 고개를 끄덕였다.

"결국에는 그 사람이 전화해서 변명하는 모습도 상상할 수 있어요. 하지만 그는 이 관계에 흥미를 잃고, 이미 다 정리했을 거예요."

"그럼 어떤 기분이 들까요?"

"또다시 버림받고 거부당한 기분이겠죠."

"다른 건요?"

"헤어진다면 그 후에 우연히 그 사람과 마주칠 수도 있을 거예요. 저희는 같은 동네에 살거든요. 그 사람이 다른 여자와 로맨틱한 저녁을 즐기고 있는 레스토랑에 들어가는 건 상상만으로도 끔찍해요."

"그건 어떤 기분일까요?"

그녀는 고개를 숙였다.

"수치스러울 거예요."

"수치스럽게 느껴져도 살아남을 수 있죠?"

그녀는 나를 노려보듯 바라보았다.

"글쎄요, 살고 싶지 않을 거예요."

"이런 고통스러운 감정을 경험하고 싶지 않다는 건 알아요. 하지만 그 현실에서 '살아남을' 수 있겠어요?"

"음, 물론 그럴 수 있죠."

이저벨라는 말을 멈추고 방금 자신이 한 말을 알아차렸다.

"이렇게 끝나도 살아남을 수 있는 거죠?"

"네, 물론이에요. 현재로선 그가 믿을 수 있는 사람인지 아닌지 몰라요. 하지만 안전하다고 느끼는 데 있어 핵심은 자신을 믿는 거예요. 자신에게 확신이 있다면 자신이 가진 힘을 잃지 않고 어떤 일에도 대처할 수 있어요."

"아, 안전하다는 걸 그런 식으로 생각해본 적 없어요."

나는 그 점을 강조했다.

"잭이 다시는 연락하지 않는다면, 당신은 그가 어떤 사람인지 알게 될 거예요. 하지만 그의 행동 방식은 그를 정의하는 것이지, 당신을 정의하진 않아요. 자신이 누구인지 정의하는 건 '당신'이에요."

그녀는 고개를 끄덕였다.

"이제 알겠어요. 잭이 어떻게 하든 저는 자신을 믿을 거예요. 잭이 관계에서 도망친다면 저는 그가 제 엄마와 오빠 같은 사람이란 걸 알게 되겠죠. 그리고 이미 마음을 정리한 거라면 그가 아버지 같은 사람, 신뢰할 수 없는 사람이란 걸 알게 될 거예요."

"맞아요."

"그리고 조금 속도를 늦추는 게 현명할 것 같아요. 잭이 믿을 수 있는 사람인지 아닌지도 모르면서 너무 서둘렀어요. 이렇게 두려움을 느꼈다는 사실만 봐도 저는 자신을 제대로 보호하지 못하고 있어요."

그녀는 어깨를 펴며 의자에 몸을 기댔다.

"이제 이 일을 감당할 수 있어요. 저는 이제 충분히 강해졌어요."

이저벨라는 일어날 수 있는 최악의 상황을 상상했고 놀랍게도 죽지 않았다. 오히려 건재하게 살아남아, 새로운 힘을 느끼며 내 앞에 앉아 있었다. 나는 그녀에게 가장 가능성 큰 시나리오를 떠올려보라고 했다. 잭이 관계를 끝낼 수도 있다. 하지만 그녀는 살아남을 수 있다. 잭에게 약속을 깨는 행동 패턴이 있다면 그녀가 관계를 끝낼 수도 있다. 아니면 두 사람은 건강하고 장기적인 관계를 이어갈 수도 있다.

이저벨라에게 미래는 여전히 열려 있다. 그녀는 자기 생각보다 훨씬 더 큰 역량으로 미래를 만들 수 있다. 그건 어른이 아이보다 더 큰 힘이 있기 때문이다.

5단계:
용기 있게 사고한다

나는 어떤 두려움이건, 두려움 속에 사는 것이 쉽게 깨지지 않는 패턴이라는 걸 직접 경험으로 잘 알고 있다. 두려움의 함정에 빠지면 자신을 보호하려는 욕구가 본능적으로 강해진다. 앞으로 일어날 일을 통제하려는 충동을 느낀다. 문제는 우리가 자신 외에는 다른 어떤 것도, 그 누구도 통제할 수 없다는 것이다. 우리가 더 긍정적인 신경 경로를 만들수록 뇌는 더 용감해진다. 이 훈련을 반복할수록 우리는 더욱 우리의 취약성을 받아들이고 안전함을 느낄 수 있게 된다.

함께 집중 명상을 시작하며, 나는 이저벨라에게 과거의 경험 두 가지를 떠올려보라고 했다. 첫 번째는 안전하고 사랑받는다고 느꼈던 순간이었다. 이저벨라는 아버지가 기분이 좋을 때면 휘파람을 불었던 일을 떠올렸다. 어머니가 떠난 후로 그 휘파람 소리는 뜸해졌다. 하지만 이저벨라가 고등학생일 때 아버지가 휘파람을 불며 집으로 돌아온 적이 있었다. 그때 아버지는 기분이 좋았다. 적어도 그때만큼은 이저벨라도 안전하다고 느꼈다.

그날 저녁, 그녀는 아버지와 즐겁게 식사하고 함께 TV를 보다가 잠이 들었다. 이저벨라는 그 기억을 떠올리며 미소 지었고 그것이 불러일으킨 감정에 위로받았다.

그다음에는 큰 의미 없이 사소한 방식으로 누군가에게 거절당했다고 느낀 때를 떠올려보라고 했다.

"깊게 상처받은 순간에 집중하지 말고, 누군가에게 무시당한 기분이 들었던 경험을 생각해봐요."

그녀는 아버지가 방과 후에 학교로 데리러 올 테니 함께 새 신발을 사러 가자고 약속했던 날에 대해 말했다.

"아버지는 오지 않았어요. 당연히 거절당했다고 느꼈고 끔찍한 기분으로 집까지 걸어갔어요. 아버지에게 화났던 기억이 지금도 나요. 아버지가 집에 와서 사과했고, 실제로 미안하다는 말을 들은 게 제게는 큰 차이를 만들었어요."

"거절의 기억이지만 크게 상처받은 건 아니니, 거기서 시작하면 좋겠네요. 이제 더 힘든 기억을 떠올려볼 거예요."

왜 이렇게 하라고 했을까? 왜냐하면 우리는 자신을 무력하게 하거나 감정을 억누르거나 타인을 비난하는 데 너무 많은 시간을 보내기 때문이다. 우리는 고통의 진짜 무게를 느끼지 않으려고 그렇게 한다. 전통적인 심리치료에서도, 우리는 상처의 주위를 맴도는 대화만 하고 또 할 뿐, 그 감정과는 완전히 분리된 경우가 많다. 그 감정과 정면으로 부딪치면 살아남지 못하거나 견디지 못할까 두려워한다. 실제로, 이 감정들은 어깨 긴장, 두통, 복부 경직 같은 신체적 불편을 초래할 수도 있다. 또한 우리를 초조하게 만들어, 우리를 자극한 문제를 풀기 위해 마음이 분주히 움직이게 하기도 한다.

놀라운 사실은 우리가 스스로 그 감정을 온전히 느끼도록 허락할 때 비로소 그 감정을 내려놓기 시작한다는 것이다. 시간이 지나면서 우리 뇌는 안정되고 '지금 일어나고 있는 듯 느껴지는' 사건이 실은 과거의 일이라는 사실을 깨닫기 시작할 것이다. 이것이 중요하다. 당신은 이미 이 기억에서 살아남았다. 완전히 끝난 일이다. 그리고 당신은 여전히 서 있다! 남은 것은 뇌에 새겨진 기억과 이 기억을 자극한 화학물질뿐이다.

이런 깨달음은 정서적, 생리적 측면에 강렬한 만족감을 주어 기쁨과 행복을 불러일으키는 호르몬을 분비한다. 뇌는 두려움 이면에 있는 화학물질에 둔감해지고, 새로 분비된 호르몬은 새롭고 긍정적인 신경 경로를 형성한다. 그다음에는 그 건강한 경로를 강화할 긍정적인 진실에 집중하게 된다. 최종적으로, 우리는 느끼고 인정하며 살아남을 수 있음을 깨닫고 앞으로 나아간다.

'그 감정을 느껴야만 치유할 수 있다.'

집중 명상 훈련

이 15분 명상을 시작하기 전에 조건 없이 받아들여지고 사랑받았던 매우 행복했던 순간을 선택하라. 다음에는 크게 상처받지는 않았지만 거절당한 기분이 들었던 기억을 고르라. 그런 기억들이 머릿속에 떠올랐다면 시작하자.

◆ ◆ ◆

거절당하는 두려움의 함정에서 벗어나기

시작

팔과 다리를 꼬지 말고 편안한 자세를 취하라. 코로 숨을 들이쉬고 입으로 내쉬어라. 처음에는 가슴으로 얕게 호흡할 수도 있지만, 복부 깊숙이 호흡하는 데 주의를 집중하라. 천천히 호흡할 때마다 배가 팽창하고 수축할 정도로 이완되기까지 시간이 걸릴 수도 있다. 계속해서 코로 숨을 들이쉬고 입으로 내쉬어라.

5분 경과

이제 더 편안해진 상태로, 살면서 받아들여지고 안전하다고 느꼈던 경험을 떠올려라. 특별한 사람과 함께, 혹은 소속감을 느끼던 모임에서 이런 경험을 했을 수도 있다. 숨을 들이쉬고 내쉬며 이 경험을 생각하라. 모든 감각을 활용하여 당시 무엇을 보고 느끼고 냄새 맡고 들었는지 떠올려보라. 가능한 한 온전히 그 순간을 경험하라. 이 기억 속에서 평온히 사랑받고 받아들여진 느낌에 빠져들라.

8분 경과

이제 무시당하거나 살짝 거부당했다고 느낀 경험으로 주의를 돌려라. 다시 말하지만, 이 경험에는 한 명 이상의 사람이 포함될 수 있다. 친구들 사이에서 소외감을 느꼈거나 창피했던 기억일 수도 있다. 모든 감각을 활용하여 무엇을 보고 느끼고 냄새 맡고 들었는지 묘사하라. 가능한 한 온전히 그 순간을 경험하라. 이 기억 속에서 불편하고 받아들여지지 않았다는 느낌에 빠져들라. 그 느낌을 회피하지 말고 온전히 받아들여라.

부정적인 감정이 희미해지기 시작했다면, 뇌가 이 기억에 둔감해지고 있다는 신호다. 이제 타이머를 12분에 맞춰라. 이 감정이 계속 강하게 느껴진다면 내일 다시 같은 기억을 떠올리며 이 명상을 반복하라. 그 강렬한 감정 반응이 희미해질 때까지 계속해서 이 경험을 활용하라.

12분 경과

다시 이 훈련을 위해 선택한 긍정적인 기억으로 초점을 돌려라. 온전히 사랑받고 받아들여졌다고 느낀 그곳으로 돌아가라. 이 기억을 가능한 한 생생하게 떠올려라. 몸에 닿은 옷의 감촉을 느껴라. 공기 중에 떠도는 향기를 맡아라. 음식을 먹고 있었다면 그 맛을 떠올려라. 목소리와 웃음소리에 귀를 기울여라. 당신에게 베풀어진 친절함을 받아들여라.

14분 경과

이제 손가락과 발가락을 꼼지락거려 천천히 현재로 돌아오라. 심호흡을 몇 번 더 하라. 당신은 이제 안전하고 평화롭다는 깊은 확신을 가지고 삶에 뛰어들 준비가 되었다.

15분 경과

당신은 이 명상을 통해 변화했다. 뇌가 이 기억에 완전히 둔감해지지 않았더라도 뇌는 안정되었다. 뇌의 공포 중추 속 에너지 수준은 감소했고 전두엽은 활성화되었다.

  이 명상이 도움 되었다면 감정의 강도를 높이면서 반복해보길 바란다. 기억이 너무 고통스럽거나 괴롭다면 심리치료사의 도움을 받아 그 과정을 함께하라. 목표는 그 기억에 압도당하는 게 아니라 둔감해지는 것이다. 두려운 기억을 통제하게 될 때 뇌는 신경 경로를 재구성하기 시작한다.

6단계:
두려움의 함정에서 벗어난다

우리는 대부분 과거에 경험한 상처가 반복되지 않으리라 믿으며 긍정적으로 새로운 경험이나 관계를 시작한다. 하지만 발을 헛디뎌 두려움의 함정에 빠지면 우리는 슬프고도 익숙한 곳으로 돌아가게 된다. 과거에 당신을 보호했던 행동과 태도는 이제 성공과 행복, 친밀감을 느낄 기회를 방해하고 있을지도 모른다. 그 첫걸음은 우리가 또다시 과잉 반응하며 자기 패배 패턴을 반복하고 있다는 사실을 인정하는 것이다.

이저벨라는 자신이 과거와 똑같은 실수를 되풀이할 위기에 처했다는 사실을 깨닫고는 아주 중요한 한 걸음을 내디뎠다. 그녀의 불안은 결국 그녀가 열망하는 행복을 가져다주지 못할 행동 패턴을 반복하도록 부추겼다. 남자를 신경 쓰지 않을 때는 자신의 감정과 행동을 통제할 수 있었다. 하지만 강하게 끌릴 때면 갑자기 의존적이고 집착하는 모습으로 바뀌었다. 그녀는 이렇게 털어놓았다.

"분명 과민 반응하고 있는데 멈출 수가 없어요."

나는 누구에게나 트리거를 경험하는 순간이 찾아오고, 그건 부끄러운 일이 아니라며 그녀를 안심시켰다. 중요한 것은 트리거가 작동했다는 사실을 가능한 한 빨리 인식하여, 과잉 반응과 다른 사람에게 상처 주거나 혼란을 주는 일을 최소화하는 것이다. 이저벨라는 잭을 전남편 폴과 감정적으로 혼동했다. 잭을 폴처럼 대한 행동은 잭과의 미래에 걸림돌이 될 수 있었다.

그녀는 전두엽으로 상황을 처리하며 공포 중추 안에서는 불가능했던 다양한 통찰을 얻었다. 그녀가 말했다.

"이혼 당시 저는 폴을 탓했어요. 제가 이혼에 어떤 역할을 했는지 전혀 알지 못했죠. 하지만 시간이 흐르면서 이혼 회복 지원 모임을 통해 깨달았어요. 제가 더 화를 내고 절박해질수록 폴이 더 멀어졌다는 사실을요."

거절을 두려워할 때 타인을 신뢰하기는 어렵다. 그보다 더 중요한 것은 우리가 자신을 신뢰하지 않는다는 사실이다. 트리거가 작동하면 우리는 성인으로 기능하지 못한다. 전두엽이 다시 활성화될 때야 비로소 상황에 대처할 수 있게 된다. 그렇게 안정을 찾고 나면 우리 앞에 어떤 일이 닥치든 자신을 믿고 상황을 처리할 수 있음을 깨닫게 된다.

우리는 이저벨라가 머릿속에서 자주 들었던 비판적인 목소리를 대신해 자신에게 해줄 수 있는 긍정적인 표현을 논의했다.

- 나는 자신을 믿고 이 관계에 무슨 일이 생기든 살아남을 수 있어.
- 나는 연애할 때 자신을 보호하는 방법을 배우는 중이야.
- 트리거가 작동되어 극심한 두려움에 휩싸여도 마음을 진

정시킬 방법이 있어.

- 나는 능력 있고 믿을 수 있는 사람에게 사랑받을 자격이 있어.
- 나는 감정을 조절하며 잭을 더 알아갈 수 있어.

장기적인 관계가 성공하려면 두 사람 모두 자신이 친밀한 관계를 건강하게 유지할 수 있고 상대방이 동반자로서 자격을 갖추었다는 신뢰가 있어야 한다. 자신을 믿는 법을 배운다는 것은 어리숙해진다는 의미가 아니다. 진정한 신뢰는 사실 우리가 통제할 수 없는 일을 내려놓고 현실을 받아들이게 한다. 이것이 두려움의 함정에서 벗어나 회복력과 자신감, 용기가 있는 삶으로 가는 중요한 첫걸음이다.

이저벨라가 자신에 대한 신뢰를 키우자, 잭이 전화하고 안 하고는 더 이상 생사를 좌우하는 문제로 보이지 않게 되었다. 그녀는 자신을 믿고 그 관계에 어떤 일이 일어나건 감당할 수 있다는 사실을 깨달았다. 안전감을 느끼기 위해 잭을 믿어야만 하는 것은 아니었다. 물론 두 사람의 관계가 더 깊어지기 전에 잭이 믿을 수 있는 사람인지 확인할 필요가 있었지만 그보다 먼저, 이번이든 다른 연애에서든 무슨 일이 일어나도 자신이 감당할 수 있다는 믿음이 있어야 했다.

이저벨라는 나와 약 6개월간 꾸준히 상담하면서 매일 명상 훈련을 했다. 그녀는 잠시 잭과의 관계에서 한 발짝 물러나기로 했다. 트리거를 경험했을 때 그녀는 자신에게 집중하고 더 강한 회복력을 기를 시간이 필요하다는 사실을 깨달았다. 누구를 만나거나, 결국 결혼을 하더라도 자신을 안전하게 지킬 책임이 스스로에게 있다는 사실을 알게 되었다.

요점 정리

- 어린 시절, 우리는 강한 정서적 관계를 구축할 어른이 필요했다.
- 또한 어려운 감정을 소통하고 갈등을 해결하는 방법을 보여줄 성인 역할 모델이 필요했다.
- 적절한 역할 모델 없이는 가장 취약한 감정과 욕구를 소통하는 방법을 모른 채 어른이 될 수 있다.
- 어른의 관계에서도 어린 시절 상처에서 비롯된 트리거는 과잉 반응의 원인이 될 수 있다.
- 일부 트리거는 어린 시절에 트라우마를 겪고 어른이 되어 비슷한 방식으로 다시 트라우마를 겪는 경우 더욱 강력해진다.
- 모두가 과거에 어떤 식으로든 어려움을 겪기 때문에 누구나 트리거를 경험할 수 있다. 전혀 부끄러워할 일이 아니다.
- 사랑이나 끌림처럼 긍정적으로 보이는 강렬한 감정도, 그로 인해 상처받거나 거절당하는 상황에 자신이 취약하다고 느껴

진다면 트리거가 될 수 있다.

- 거절당하는 두려움의 함정에 빠진 사람들은 종종 싸우거나 도망가거나 얼어붙어, 자신과 주변 사람들이 정말로 원하는 것을 주기보다 상처를 준다.
- 이 두려움의 함정에 빠진 사람들은 전두엽을 활용하여 다양한 관점을 보지 못하기 때문에 '항상/결코', '해야 한다/하지 말아야 한다', '좋다/나쁘다', '모두/전혀' 같은 극단적인 단어를 자주 사용한다.
- 두려움에 사로잡힌 사람들은 '바보', '멍청이', '쓸모없는 사람' 같은 말로 자신이나 타인을 극단적으로 비하하기도 한다.
- 트리거가 작동하여 과잉 반응하고 있다는 사실을 깨닫게 되면 우리는 자기 파괴 패턴을 반복하지 않고 건강한 관계를 형성할 수 있다.
- 트리거가 작동할 때 활용할 수 있는 가장 강력한 대처법 하나는 단순히 그 감정을 느끼되 행동으로 옮기지 않는 것이다. 그렇게 하면 뇌가 점차 둔감해지고 자연스레 기분이 나아질 것이다.

3

대립이 두려운가?

> 심리학자라면 누구나 우리가 상처와 정직하게 맞서는 데서
> 치유가 시작된다고 말할 것이다. 그 상처를 마주할 때까지 우리는
> 건강하게 앞으로 나아가는 데 어려움을 겪을 것이다.
>
> ―
>
> 네이트 파커(Nate Parker)

랜디는 경험 많은 전문 부동산 중개인의 전형이었다. 그의 부모는 그가 아홉 살 때 코스타리카에서 미국으로 이민을 왔다. 이제 40대 중반이 된 랜디는 잘 빠진 감청색 정장과 완벽하게 맞춘 넥타이로 세련된 분위기를 풍겼다. 랜디는 갓 사회생활을 시작해 다른 중개인들과의 치열한 경쟁으로 위축되어서 나를 찾아온 적이 있었다. 우리는 공격성과 단호함을 구분하는 데 시간을 쏟았고, 결국 그는 부동산 시장에서 자신만의 입지를 확립했다.

우리 지역 곳곳에 있는 '매물 안내' 표지판에서 그의 사진을 볼 때면 늘 흐뭇했다. 랜디는 지역에서 가장 성공한 부동산 중개인이 되었지만, 어느 날 내게 전화를 걸어 '자신 있게 말하기 재교육'이 필요하다고 말했다. 나는 그를 다시 만나 반가웠다.

1단계:
당신의 이야기를 한다

"스텔라 박사님, 제가 새로 사업을 시작했는데 기대했던 대로 되지 않고 있어요."

랜디가 내 맞은편에 앉으며 말했다.

"자식들이 모두 독립해서 작은 집으로 이사하려는 부부들에게 집을 파는 데는 꽤 성공했지만, 그렇게 많은 집을 팔면서도 제 아내 달리아와 저는 집을 사지 않았어요. 기억하실지 모르겠지만 아내는 인테리어 디자이너예요. 저희는 저희에게 꼭 맞는 집을 기다려왔고, 솔직히 정말 멋진 집을 갖고 싶어요.

저희 부부는 각자의 사업을 함께 확장하기로 했어요. 그래서 낡은 주택을 매입하고 개조해서 되팔아 수익을 내는 방법을 알려주는 세미나에 참석했어요. 저는 부동산을 알고 달리아는 인테리어 디자인을 알지만, 저희 둘 다 건설이나 건축 설계에는 경험이 없었어요. 강의를 들으면서 이게 저희가 하고 싶은 일이라는 데 동의했지만, 저희 둘 다 다른 사람, 어쩌면 다른 부부와 팀을 이루어야 한다는 사실을 깨달았어요.

그러다 쉬는 시간에 매트와 케이트라는 호감 가는 부부를 만났어요. 둘은 저희가 찾고 있던, 적어도 그렇게 생각했던 바로 그 사람들이었어요. 케이트는 저와 같은 부동산 중개인이고 매트는 건축업자예요. 매트는 우리가 필요하다면 건축가도 몇 알고 있다고 말하며, '케이트도 자랑하지는 않지만, 망치 다루는 실력이 누구 못지않아요. 직접 작업을 도울 수 있어요'라고 덧붙였어요."

랜디는 두 부부가 어떻게 곧바로 프로젝트에 뛰어들었는지 설명했다.

"계획은 문제없이 진행됐어요. 저는 케이트와 함께 높은 가격에 되팔 수 있는 허름한 주택을 찾아다녔어요. 저희 부부는 프로젝트를 위해 집세를 아끼려고 리모델링하는 동안 그 집에 살기로 했고요. 매트는 현장에서 시공을 맡았고 케이트도 자잘한 작업을 도우며 인건비를 줄였어요. 6개월 안에 리모델링을 마치고 그 후에 집을 내놓을 계획이었죠. 공사 비용은 함께 부담하고 이윤은 나누기로 했어요. 잘만 되면 지속적인 사업 모델로 발전시킬 생각이었어요."

"흥미진진한 기회 같네요. 하지만 여기 온 걸 보면 계획대로 되지 않은 거죠?"

"완전히요! 저희가 그 집으로 이사한 지 벌써 1년 반이나 지났어요. 기한을 1년이나 넘긴 거예요. 매트와 케이트는 하루가 끝나면 편안한 자기네 집으로 돌아가요. 반면 저희는 꼼짝없이 공사판에 남게 되죠. 전부 다 엉망이에요."

"지체된 이유가 뭐죠?"

"매트는 극단적인 완벽주의자여서 어느 하나 마음에 들어

하지 않아요. 타일 작업을 거의 마치거나 붙박이장 설치를 끝낸 다음에도 '이거 진짜 별론데' 하며 뜯어내고 다시 시작해요. 케이트는 항상 그의 편이고요. 저는 그들의 작업이 훌륭하다고 생각하고 그렇게 얘기해요. 안간힘을 써서 그들을 지지하고 칭찬하지만, 그 두 사람이 일을 끝내는 건 거의 불가능해요. 그러는 동안 저희 부부는 톱밥으로 뒤덮인, 반쯤 완성된 집에서 살아왔어요. 아내는 제가 강경한 태도를 취해야 한다고 생각하기 때문에 저희 결혼생활도 악화되고 있어요. 달리아는 '랜디, 이 정도 시간이면 타지마할도 지었겠어'라고 해요."

"정말 힘들겠네요. 그 상황에 대해 어떤 기분이 들어요?"

랜디의 얼굴에 분노의 빛이 스쳐 갔다.

"치밀어오르는 화를 참으려고 별짓을 다 해요. 이런 말도 안 되는 일에 뛰어든 스스로에게 화가 치밀어요. 아내의 잔소리에도 지쳤어요. 매트와 케이트도 어이없고요. 그 부부에 대한 불만을 말하자면 한이 없어요."

"아내와 함께 매트와 케이트에게 이런 이야기를 한 적이 있나요?"

그는 한숨을 내쉬었다.

"하려고 해본 적은 있죠. 달리아는 그냥 앉아서 속을 부글부글 끓이며, 처음엔 그 둘에게 화를 내다가 다음엔 저한테 확실히 선을 긋지 않는다며 화를 내요."

"달리아가 직접 이야기하지는 않나요?"

랜디는 멋쩍어하며 미소 지었다.

"박사님은 제 아내를 만난 적이 없으시죠. 달리아는 속마음을 말하는 데 문제가 전혀 없어요. 하지만 케이트와의 관계를 망치고 싶지 않아서 제가 알아서 하겠다고 했어요. 케이트는 업계에서 아주 높이 평가받는 중개인이어서 제 평판에 금이 가게 하고 싶다면 아주 쉽게 그렇게 할 수 있으니까요."

나는 고개를 끄덕였다.

"그래서 달리아는 입을 다물고 있긴 하지만 상황을 처리하는 당신의 방식이 마음에 들지 않는 거군요."

"달리아는 이 일과 관련된 모든 사람에게 불만이 있어요. 특히 저한테요."

나는 빙긋 웃으며 지적했다.

"당신도 다른 세 사람에게 불만이 있는 것 같은데요."

그는 고개를 절레절레 흔들었다.

"설상가상으로 매트가 시청과 다투면서 아직 검사도 통과하지 못했어요. 자기가 공사한 상당 부분에 적절한 허가를 받지 못했는데도, 어떤 공사든 끝나기 전에 꼭 트집을 잡아요. 함께 일하기 너무 어려운 사람이에요.

매트와 케이트에게 공사에 시간이 너무 많이 걸리고 있다고 눈치를 주기도 했어요. 일을 조금 더 빨리하도록 격려하거나 진행 속도를 높일 방법을 제안하기도 하고요. 하지만 제가 속도를 내라고 하면 할수록 두 사람은 더 반발했어요. 매트는 '내 평판도 신경 써야 해. 이 집을 날림으로 해놓으면 이 일이 끝났을 때 누가 날 써주겠나?'라고 해요. 케이트도 맞장구치며 '왜 우리를 지지해주지 않고 깎아내리는 거죠? 우리는 최고의 자재와 최상의 기술로 훨씬 더 비싸게 팔릴 멋진 집을 만들고 있다고요. 랜디는 기준이란 게 없나요?'라고 하죠."

랜디는 두 손으로 얼굴을 쓸어내렸다.

"그들이 저희 부부를 비난하기 시작하면 달리아는 할 일이 있다며 그 자리를 떠요. 기본적으로 저희가 생활하는 공간은 옷장 없는 침실 하나와 샤워기 없는 욕조와 수세식 변기만 있는 욕실, 대충 간단한 식사만 때울 수 있는 주방 일부뿐이에요. 1년 반이나 지났는데도요! 그 외의 공간도 각기 다른 정도로 수리가 필요한 상태예요. 저희는 공사가 끝나지 않은 집에서 불법으로 살고 있고, 저는 모두에게 나쁜 놈이 되었어요."

"이 문제에 꽤 화가 나 있는 것 같은데 아직 누구에게도 직접적으로 문제를 제기한 적은 없군요. 감정을 이야기하기 시작하면 분노를 터뜨릴까 걱정되나요?"

나의 물음에 그는 고개를 끄덕였다.

"네, 그러면 모두 깜짝 놀랄 거예요. 아무도 제가 진짜 화내는 모습은 본 적 없어요. 절대 보기 좋은 장면은 아니거든요."

그는 잠시 멈칫했다.

"그리고 그 부부가 저희에게 화를 내면 어떡해요? 저희를 이 진창에 버려두면요? 저는 리모델링에 관해 아무것도 몰라요. 저희끼리 이 일을 끝낼 경제적 여유도 없어요. 저와 달리아는 하루 종일 힘들게 일하고 집에 왔을 때, 집이 가능한 한 빨리 부동산 시장에 내놓을 수 있는 상태이길 바라요. 하지만 아내는 집에 와서 방금 설치한 전기 회로를 뜯어내는 매트와 그런 그의 자존심을 북돋우며 그의 높은 기준을 칭찬하고 있는 케이트를 보고 화를 내요. 정말 엉망이에요. 저는 투자금도 경력도 아내도 모두 잃게 생겼어요."

'감정을 이야기하기 시작하면 분노를 터뜨릴까 걱정되나요?'

2단계:
트리거를 찾는다

나는 그 두려움이 단순히 상상에서 온 것만은 아니라며 랜디를 안심시켰다. 상황이 바뀌지 않는다면 더 악화될 가능성도 충분했다. 하지만 분노를 터뜨리는 게 아무에게도 도움 되지 않으리라는 그의 말도 맞았다.

"랜디, 과거에 어디서 이런 식으로 화를 참는 걸 배운 거죠?"

나의 물음에 그는 잠시 생각에 잠겼다.

"글쎄요, 어렸을 때였겠죠. 이 상황이 혼란스러운 가족 안에 갇혀 있던 어린 시절을 떠올리게 해요."

나는 이전 상담을 통해 랜디가 오하이오 북부의 작은 마을에서 다섯 남매 중 첫째로 자랐다는 사실을 알고 있었다.

"저희 집은 이모, 삼촌, 할아버지, 할머니, 사촌 등 대가족에, 동생들까지 더해 북적거렸어요. 서로 동시에 자기 말을 하느라 시끄러웠죠. 저는 조용한 성격이어서 그 혼란에서 물러나 있는 편이었어요."

"부모님은 어떠셨죠?"

"어머니는 매일 같이 저희 집을 행군하는 친척이라는 군대를 조직하려고 애쓰는 장군 같았어요. 대부분은 훌륭하게 해냈죠. 어머니는 주위에 사람들이 북적이는 걸 좋아했어요. 하지만 가끔 화를 냈는데, 그럴 때면 조심해야 했어요! 저희는 어머니가 무서웠어요. 잘못하면 어머니 손이 날아왔거든요. 정말로 화가 나면 어머니는 벨트를 휘둘렀어요. 어머니가 이런 상태에 도달하면 저는 속수무책이었어요.

아버지는 한 번도 저희 편을 들어주지 않았어요. 저희에게 손찌검하는 어머니를 보고도 그냥 사라져버리곤 했죠. 저를 도와줄 사람은 아무도 없었어요. 아버지는 뒤로 물러나 가끔은 며칠이고 입을 꾹 다물어버렸어요. 아버지가 어머니를 없는 사람

취급하면 어머니는 호들갑스럽게 친절을 베풀며 아버지의 주의를 끌려고 안간힘을 썼죠. 그러다 얼마 후에는 아버지가 회피한다며 분통을 터뜨렸어요. 저는 누구에게도 어머니가 그랬던 것처럼 화내고 싶지 않아요."

불편해하는 기색을 드러내는 랜디에게 나는 말했다.

"어머니의 좋은 면만 보려고 애썼겠네요."

그는 미소 지었다.

"그저 눈에 띄지 않길 바랐어요. 누군가를 화나게 할지도 모른다는 생각에 감정을 드러낸 적이 없어요. 돈을 아끼려고 지역 전문대학에 갔고, 졸업하고 바로 부동산 중개업에 뛰어들었어요. 골치 아픈 일로 부모님을 귀찮게 하고 싶지 않아서 저는 가능한 한 빨리 경제적으로 자립하려 노력했어요."

ⓘ 과거는 문제가 아니다

두 사람이 똑같은 사건을 경험해도, 반응과 해석은 완전히 다를 수 있다. 우리의 기억 속 사건은 실제로 일어난 일과 다를 때가 많다. 첫째, 우리는 자기만의 관점으로 사건의 단편적인 부분만 보았다. 둘째, 우리가 본 부분은 이전 경험으로 색이 입혀졌다. 즉, 우리는 어떤 사건에 특정한 의미를 부여했지만, 그 의미가 다른 사람에게는 전혀 존재하지 않을 수 있다. 그 결과, 사건에 대한 인식은 그 사건에 대한 감정과 생각을 왜곡한다.

따라서 과거를 처리할 때 실제로 어떤 일이 벌어졌는지는 우리가 그 일을 어떻게 경험했는지보다 중요하지 않다. 사실, 우리는 같은 사건이라도 각기 다른 육체적, 정서적 관점으로 경험하기 때문에, 누구도 완벽한 기억을 가지고 있지 않다. 하지만 경험은 뇌에 기록되어 현재 삶에 영향을 미친다. 기억이 정확하건 정확하지 않건, 우리가 기억을 해석하는 방식이 미래의 습관과 트리거를 형성한다.

"그 일로 부모님과 대립해본 적이 있나요?"

랜디의 눈이 분노로 어두워졌다.

"네, 막 다른 지역으로 이사하고, 추수감사절을 맞아 집으로 돌아가서요. 온 가족이 모여 있었어요. 식사를 마치고 모두 자리에서 일어나 거실로 가려던 참이었죠. 그런데 어머니가 저와 동생 스튜어트에게 소리를 질렀어요.

'야, 너희 둘, 그러면 안 돼! 너희는 여길 정리해야지!' 그러고는 너희는 도움이 되어야 한다는 둥, 어떤 일도 돕는 법이 없다는 둥, 집에 있지를 않는다는 둥, 한탄하기 시작했죠.

계속 제가 이룬 것들을 깔아뭉개고 저를 어린애 취급했어요. 동생이 가자며 팔꿈치로 저를 찔렀어요. 저는 평소에는 정말 침착하지만, 어머니가 저를 모욕하면 할수록 더 화가 치밀었어요. 어머니 쪽으로 몸을 돌리고, 나는 이제 내 일과 수입이 있는 성인이라고 말했어요. 실제로 목소리를 높였어요. '어렸을 때처럼 저를 때릴 생각은 하지도 마세요. 이제 어른으로 대하라고요!' 하고 외쳤어요.

그 말에 어머니는 폭발했어요. 거실에 있던 모두가 숨을 죽였어요. 어머니는 제게 네가 뭐라도 되는 줄 아냐며 소리치기 시작했어요. 저는 화가 머리끝까지 나서 온몸이 부들부들 떨렸어요. 어머니도 분노로 벌벌 떨며 '내 집에서 나가! 당장!' 하고 소리쳤어요.

동생이 제 팔을 붙잡고 저를 집 밖으로 끌고 나갔어요. 길가에 세워둔 차로 갈 때까지 누구 하나 입도 벙긋하지 않았어요. 그때 어머니가 저에게 그랬던 것처럼, 제가 어머니에게 폭발해 버렸다는 걸 깨닫기 시작했어요. 그 후 몇 개월 동안 집에 가지 않았어요. 다시 집에 갔을 때는 모두 아무 일도 없었다는 듯 행동했고요."

랜디를 두 손을 들어 올렸다.

"뭘 기대했던 걸까요? 어머니가 갑자기 자기가 틀렸다고 인정이라도 하는 거요? 아뇨, 시도 자체가 어리석었어요. 그러면 해결책은 뭐였을까요? 어머니에게 분통을 터뜨리는 거요? 아뇨, 어머니처럼 잔인해지거나 아버지처럼 감정을 누르고 평화를 지키는 것 중 하나를 선택해야 한다면 아버지의 뒤를 따르겠다고 결심했어요."

아주 사소한 충돌도 그토록 끔찍한 기억을 불러일으켰기 때문에 랜디는 체념하고 피하기로 했다. 그는 누구도 자신에게 화내지 않길 바랐고, 자신이 다시 화를 내게 되면 감정을 통제하지 못할까 두려웠다. 랜디는 아무도 화내지 않으면 자신이 안전하고 가족이 평화로울 거라는 잘못된 믿음을 붙잡고 있었다. 그래서 갈등이 표면으로 떠오를 때, 랜디는 자기주장을 내세우지 않고, 아버지처럼 대립을 피하고 불만을 표현하지 않았다.

랜디의 첫 번째 트리거: 타인의 분노에서 느끼는 위협

"당신과 어머니 사이에 분노가 많았다는 건 이해돼요. 하지만 그게 이 리모델링 상황에서 일어나는 일과 무슨 상관이 있나요? 갈등을 피한다고 더 나아질 게 없잖아요."

나의 말에 랜디가 씁쓸하게 미소 지었다.

"제가 저 자신을 궁지로 몰아넣었어요. 여기서 이길 방법은 없어요. 저는 매트와 제 아내가 서로에게 폭발하지 않도록 노력하고 있지만, 케이트는 매트 편이고, 모두가 저에게 화를 내고 있어요. 속이 타들고 있어요."

어린 시절의 상처와 자기 파멸 패턴을 인정하는 것이 중요하다. 그러지 않으면 어른이 되어서도 같은 상처와 패턴을 재현할 가능성이 있다. 어릴 때 랜디는 어머니의 성미와 아버지의 수동성에 갇혀 있었다. 이제는 어른이 되었지만, 그래도 이 같은 동력이 발생하도록 허용했다. 그는 어렸을 때보다 더 많은 힘과 선택지가 자신에게 있다는 사실을 아직 깨닫지 못하고 있었다.

랜디의 두 번째 트리거: 자신의 분노를 감당하지 못하리라는 두려움

평화를 지키겠다는 최선의 노력이 물거품이 되자, 그 상황에 대한 랜디의 원망과 분노는 점점 커지고 있었다. 충돌을 싫어하고, 싫은 소리 못하는 그는 자신의 내면에서 피어오르는 분노에 더욱 몸서리쳤다. 화를 참지 못하면 어떻게 될까? 누구에게도 상처 주고 싶지 않았지만, 그는 벼랑 끝에 서 있었다. 그에게는 어머니처럼 폭력적인 사람이 되거나 아버지처럼 수동적인 사람이 되는, 단 두 가지 선택지만 보였다.

"제가 어머니를 두려워했던 것처럼 저를 무서워하는 사람이 없었으면 좋겠어요. 언젠가 이성을 잃고 그들 모두를 비난하게 될까 봐 걱정돼요. 그게 제일 두려워요."

나는 랜디에게 스스로 어떤 가혹한 말들을 하고 있는지 말해 달라고 했다. 그는 씩 웃으며 말했다.

"그걸 아시네요?"

나는 고개를 끄덕였다.

"두려움에 갇혀 있으면 스스로에게 불쾌하고 상처가 되는 말을 하는 경우가 종종 있죠."

"아, 그런 말은 정말 많아요."

그가 몇 문장을 읊었다.

"너는 네 어머니와 다를 바 없어. 감정을 억누르지 않으면 사람들에게 상처를 입힐 거야. 학대자가 되고 싶어? 결혼생활을 망치고 싶은 거야? 문을 꼭 닫아놓지 않으면 모든 걸 잃게 될 거야."

"목록이 꽤 기네요."

내 감상이었다.

"하지만 우리는 그 부정적인 자기 대화를 끊어낼 수 있어요. 그렇게 하면 삶이 얼마나 달라질지 놀라게 될 거예요."

'어린 시절의 상처와 자기 파멸 패턴을 인정하는 것이 중요하다. 그러지 않으면 어른이 되어서도 같은 상처와 패턴을 재현할 가능성이 있다.'

3단계:
자기 파괴 패턴을 묘사한다

랜디는 우리가 무의식적인 두려움에 사로잡히면, 온 힘을 다해 피하려던 바로 그 결과를 실제로 보여주는 행동을 하게 된다는 걸 배웠다. 랜디는 충돌을 피하려 노력했다가, 오히려 건강한 방식으로 갈등을 해결할 수 없는 상황을 만들어버렸다.

하지만 우리 누구도 갈등을 피하면서 진정한 관계를 맺을 수는 없다. 모든 관계에는 오해와 어려움이 있다. 이러한 문제는 평화롭게 해결될 수도, 잘못 처리하여 엄청난 파괴력으로 곪아 터질 수도 있다. 랜디는 평범한 갈등을 직면할 때 두 가지 자기 패배 전략을 활용했다.

자기 파괴 패턴 1: 갈등에 관한 솔직한 소통 차단

어머니가 분노를 조절하지 못했기 때문에 랜디는 어떤 갈등도 표현하길 두려워했다. 그는 달리아가 매트와 케이트에게 아무 말도 하지 못하도록 그녀의 입을 막았다. 달리아는 랜디의 어머니가 아니었다. 분노를 터뜨리지 않고 불만을 표현할 수 있었다. 하지만 랜디는 불만을 드러내는 데 지나치게 민감했다. 그게 그에게는 너무 위협적으로 느껴졌다. 그래서 달리아가 자기 생각을 말하지 못하게 막아 관계에 혼란만 가중시켰을 뿐이다.

자기 파괴 패턴 2: 모든 문제를 남 탓으로 돌리기

시청 검사관들과 형성한 적대적인 관계가 보여주듯, 매트는 다른 사람들과 효과적으로 소통하는 데 어려움이 있었다. 물론 검사관들이 먼저 적대감을 보였을 수도 있다. 한쪽에 모든 책임이 있고, 다른 한쪽은 완전히 결백한 경우는 극히 드물다. 하지만 1년 반이 지난 후에도 공사에 필요한 허가를 받지 못했다는 사실은 그대로다.

랜디는 매트의 문제를 핑계 삼아 자신의 회피행동을 정당화했다. 랜디가 솔직한 소통에 겁먹지 않았다면 매트가 시청 및 관련 기관과 일을 처리할 때 도와줄 수도 있었다. 그 대신, 랜디는 한 발짝 물러나 이 부분의 문제를 매트 혼자 처리하도록 내버려두었다. 이로 인해 갈등은 깊어졌고 랜디 자신이 폭발할지도 모른다는 두려움은 한층 더 커졌다.

4단계:
최악의 시나리오를 상상한다

분노는 누구에게나 불편한 감정이다. 하지만 대립한다는 두려움의 함정에 갇힌 사람들은 분노를 생명의 위협으로 여긴다. 랜디는 어떤 형태의 갈등도 피하려고 갖은 애를 썼다. 나는 그에게 단순한 질문 하나를 던졌다.

"갈등을 피하면 삶이 평화로운가요?"

랜디는 슬픈 표정으로 픽 웃었다.

"아니요, 전혀요. 하지만 사람들과 맞서도 마찬가지예요. 저희 부모님이 저를 학대했다는 사실을 인정하지 않는 걸 보세요."

나는 감정이 격해지면 과거의 세부적인 부분에 집착하기 쉽다고 설명했다.

"부모님이 그 사실을 인정할 필요는 없어요. 당신의 뇌는 감정적 기억을 기록했어요. 그게 당신에게는 진실인 거예요. 누군가 우리의 경험이 맞다고 확인해주면 만족스러울 수는 있겠지만, 그게 두려움의 함정에서 벗어나기 위한 필수조건은 아니에요."

랜디는 깊게 숨을 내뱉었다.

"용기가 되는 말이네요. 부모님이 인정하지 않아도 괜찮은 거군요?"

나는 고개를 끄덕였다.

"당신은 더 이상 어린아이가 아니에요. 이제는 어른인데도 최악의 두려움을 반복하려 하고 있어요. 갈등을 계속 회피하는 패턴을 이어가면 어떻게 될까요?"

"글쎄요, 아무 일도 안되겠죠. 모두의 비위를 맞추기는 불가능해요."

"지금 당장 당신에게 일어날 수 있는 최악의 상황은 뭔가요?"

랜디는 잠시 멈췄다가 대답했다.

"매트와 케이트가 화를 내고 프로젝트를 그만두는 거요. 이 진창 속에, 공동 지불한 주택 대금, 자재비와 인건비를 저와 달리아에게 남겨두고서요. 그들이 자기네 지분을 사라고 할지, 아니면 어떤 손해를 입힐 수 있을지 모르겠어요."

"그게 이 동업관계에서 상상할 수 있는 최악의 상황인가요?"

"아니요, 최악은 그들이 프로젝트를 그만두고 자기네 투자금을 되돌려달라고 저희를 고소하는 거예요. 그게 제가 떠올릴 수 있는 최악의 상황이에요."

"그들이 그만두고 소송을 걸면 어떻게 될까요?"

랜디는 정신 나갔냐는 듯 나를 빤히 쳐다보았다.

"왜 그런 걸 물으세요?"

"당신에게 얼마나 강한 회복력이 있는지 보여주고 싶어서요."

나는 잠시 등을 기대고 앉아 그를 찬찬히 살폈다.

"숨을 깊게 쉬고 있는 것 같지 않네요."

랜디는 숨을 깊게 훅 들이마셨다.

"네, 숨을 멈추고 있었어요."

"그래요, 뇌의 공포 중추에 통제당하면 그렇게 돼요. 호흡을 멈추죠. 잠시 쉬며 마음을 진정시키도록 해요."

랜디가 심호흡을 다섯 번 정도 했다.

"이제 괜찮아졌어요. 그 차이를 알겠어요."

"맞아요, 간단한 호흡만으로도 두려움의 함정에서 벗어나 문제를 더 명확한 시각으로 볼 수 있어요. 매트와 케이트가 당신 부부를 법정에 세운다는 생각으로 돌아가죠. 당신과 달리아는 어떻게 할까요?"

"그야, 변호사를 고용해야겠죠."

"변호사를 고용하고 나면 어떻게 될까요?"

"비용이 만만치 않을 거예요. 그리고 매트와 케이트가 승소하면, 저희끼리는 프로젝트를 감당할 형편이 안 되니 파산신청을 해야 할 거예요."

"그다음에는요?"

"그 집에서 나와야겠죠."

"모든 걸 잃고 다른 거처를 찾아야 한다면 그땐 어떻게 될까요?"

랜디가 고통스러운 표정으로 잠시 멈췄다가 대답했다.

"처음부터 전부 다시 시작해야 할 거예요."

"그럼, 좀 더 작지만 공사 중이 아닌 아파트를 구할 수 있을 테니 생활환경은 오히려 나아지겠네요?"

랜디가 고개를 끄덕였다.

"부동산 자격증도 여전히 가지고 있겠죠?"

그는 잠시 생각했다.

"네, 계속 일할 수 있어요. 하지만 지금 일하는 부동산 업체에 있다는 건 너무 창피할 거예요."

"다른 업체를 찾을 수 있죠?"

"그렇겠죠. 아마 어딘가에서 다른 업체를 찾을 수 있을 거예요."

"달리아도 인테리어 디자이너로 계속 일할 수 있고요?"

"네."

나는 등을 기대고 앉아 그가 그 가능성을 곱씹어볼 시간을 주었다.

"매트와 케이트가 이 일에서 손을 떼고 소송을 걸어 당신 부부가 파산하게 된다는, 최악의 상황이 이 동업관계에 일어난다면 당신 부부는 작은 아파트로 이사해서 지금보다 훨씬 더 나은 생활환경에서 살게 되겠군요. 당신은 새로운 부동산 업체에서 일을 찾아 다시 시작할 거고요. 맞죠?"

"네, 요약하면 그렇네요."

나는 중요한 질문을 했다.

"그 상황에서 살아남을 수 있겠어요?"

"엉망진창이네요. 끔찍할 거예요."

"네, 그래도 살아남을 수 있나요?"

랜디가 눈살을 찌푸렸다.

"그런 일이 있어도 달리아와 제가 살아남을 수 있냐고요? 네, 아마도 그렇겠죠. 하지만 저희 결혼생활에는 위기가 올지도 몰라요."

"그렇게 되면 어떻게 할 건가요?"

"박사님께 부부 상담을 받으러 와야겠죠."

나는 미소 지으며 대화의 방향을 바꾸었다.

"이제 다른 관점으로 생각해봐요. 혼자 책임지고 다른 사람들을 만족시키려고 애쓰기보다, 매트와 케이트와 마주 앉아 당신과 달리아가 어떻게 느끼는지 차분히 이야기해본다면 어떤 일이 일어날까요? 함께 해결책을 찾으려 한다면요?"

랜디는 그래본 적이 없다는 사실을 인정했다.

"이 모두를 그들 탓이라고 돌리는 건 정말 말도 안 돼요. 누구도 일부러 저에게 이렇게 한다고는 생각하지 않아요. 모두가 시간이 오래 걸린 데 실망했고, 그래서 방어적으로 반응했다고 생각해요. 그 부부를 더 잘 알고 나서 동업에 뛰어들었으면 더 나았을 거예요."

"자기 탓을 하는 건가요?"

"어느 정도는요. 제 몫은 책임지고 싶어요."

"어떤 동업관계든 틀어질 수 있어요. 오랫동안 서로를 알아온 사람들 사이에서도 그렇죠. 출발점은 동업을 하기로 한 자신을 용서하는 거예요. 그때는 최고의 선택을 했다고 생각했겠죠."

"당시에는 같은 목표와 상호 보완되는 기술을 가진 부부를 만났다는 게 하늘의 계시 같았어요. 완벽해 보였죠."

"실수를 하고 실수에서 배운다면 괜찮아요."

"네, 자책은 그만해야겠어요. 차분히 대화하면 아직 이 상황을 회복할 수 있을지 몰라요."

"이 일이 어떻게 흘러가든 당신은 이미 최악의 상황과 마주했어요. 매트와 케이트에 대한 원망을 내려놓고 달리아가 자기 의견을 말하게 한 뒤 집을 계속 수리해 나가거나, 아니면 모든 게 다 무너져 파산한 후에 더 나은 살 곳을 찾고 경력을 이어가는 거예요."

"살아남을 수 있겠죠? 용기를 내서 달리아와 이야기하고 저희만의 계획을 세울 수 있어요. 그다음에 매트, 케이트와 대화할 수 있고요. 어떻게 되든 저희는 괜찮을 거예요."

"그래요, 할 수 있어요. 당신에게는 선택지가 있어요. 당신은 자신이 알고 있는 것보다 훨씬 더 강해요. 달리아도 마찬가지고요."

나는 단언했다.

'누군가 우리의 경험이 맞다고 확인해주면 만족스러울 수는 있겠지만, 그게 두려움의 함정에서 벗어나기 위한 필수조건은 아니다.'

5단계:
용기 있게 사고한다

랜디는 어린 시절 트라우마로 고통받았다. 어머니는 분노를 다스리지 못한 채 학대를 일삼았고, 아버지는 보호가 필요한 랜디를 내버려두었다. 학대와 방임은 생존에 직접적인 위협이 된다. 어린 시절 랜디에게 스며든 두려움은 실제이며, 우리는 모두 다시 상처받는 두려움을 어느 정도는 직면해야 한다.

우리는 상처받았을 때 종종 분노를 경험한다. 분노는 피해자의 감정이고, 어린 시절 랜디는 진정한 피해자였다. 우리 모두 살면서 어느 정도까지는 해를 당하지만, 성인이 되어서도 그 정체성을 놓지 못하면 자신을 진정한 피해자로 보게 된다. 그렇게 성인으로서의 힘을 포기하고 영원히 아이인 듯 자기 삶의 통제권을 포기하고 산다.

자신을 피해자로 보게 되면 훗날 가해자가 되는 위험도 따른다. 우리는 상처받으면 다른 사람들을 몰아세워, 상처받거나 거절당하거나 버려지는 등의 더 취약한 감정을 피하려 한다. 이 책에서 다룬 감정들이 모두 한꺼번에 우리를 강타할 수도 있다. 이는 두 사람이 끊임없이 상처를 주고받는 파괴적인 악순환을 만든다. 그러한 이유로 이런 감정들이 폭발하기 전에 건강한 방식으로 맞서야 한다. 그렇게 할 때 우리는 현재의 자신을 역량 있는 사람으로 정의한다.

뇌를 안정시키고 명확하게 사고하려면 이 대립 상황에서 가장 두려운 것이 무엇인지 자신에게 물어야 한다. 분노를 자제하지 못해 후회할 만한 말이나 행동을 할까, 두려울 수도 있다. 상대방이 폭발할까, 관계를 망치거나 잃을까, 두려울 수도 있다. 하지만 솔직한 소통을 거부하는 것이야말로 관계를 손상하는 원인이 된다.

용기 있는 사고는 우리가 가장 두려워하는 일을 극복할 수 있음을 깨닫는 데서 시작된다. 가장 큰 두려움을 인지하게 되면, 스스로에게 이 두려움이 일어날 가능성이 있는지 물을 수 있다. 대부분의 경우, 최악의 상황이 일어나리라는 생각은 현실을 왜곡한다. 그런 생각은 우리에게 이 관계는 무너질 거라고, 어차피 상대방은 우리 말을 절대 듣지 않을 거라고 말한다. 이러한 가정은 좀처럼 공정하지도, 정확하지도 않다. 그러나 설령 최악의 시나리오가 발생하더라도 우리는 살아남으리라는 사실을 인식해야 한다. 그 대화가 과거의 상처를 자극한다면 우리는 한 발짝 물러나 자신을 진정시킬 수 있다. 관계를 잃더라도 그 결과를 감당할 수 있다.

이를 인식하면 뇌는 안정되기 시작할 것이다. 뇌가 안정되면 우리는 상대방과 공감하는 능력을 회복하게 된다. 상대방에게 투영했던 잘못된 추측을 인식하고 제거할 수 있다.

자기 내면에서 무슨 일이 일어나고 있는지 이해하는 능력을 되찾고, 상대방이 이해해주리라 기대하기 전에 먼저 자신을 이해해야 한다. 하지만 무엇보다 중요한 것은 어떤 결과가 나오든 우리는 살아남을 수 있다는 사실이다.

집중 명상 훈련

이 15분 훈련은 대립한다는 두려움을 직면하는 데 도움을 주도록 설계되었다. 이 훈련을 반복할수록 갈등 상황이 발생할 때 뇌를 더 빨리 안정시킬 수 있을 것이다. 비판적으로 사고하고 공감하는 뇌의 능력을 강화하여 모두에게 득이 되는 상황을 만들 것이다. 시작하기 전에 먼저 방해받지 않을 편안한 장소로 이동하라.

◆ ◆ ◆

대립한다는 두려움의 함정에서 벗어나기

시작

방해받지 않는 편안한 장소에서, 이제 코로 숨을 깊게 들이쉬고 입으로 내쉬어라. 머리끝부터 발끝까지 온몸을 살피며 긴장된 부분이 있는지 알아차려라.

목이나 어깨, 혹은 얼굴과 턱이 경직되어 있을 수도 있다. 그곳으로 깊게 숨을 불어넣어 긴장을 풀어내라. 당신은 안전하고 능력 있다. 더 이상 긴장의 끈을 잡고 있을 필요가 없다.

의식을 어깨와 팔로, 손과 손가락으로 이동하라. 긴장되는 곳이 있다면 힘을 풀어내라. 호흡의 깊이를 알아차려라. 얕고 빠른가, 깊고 느린가? 천천히 호흡하며 어깨가 내려가고 복부가 올라갈 때까지 점점 더 깊게 호흡하라.

이제 몸의 중앙부에 집중하라. 그곳이 긴장되어 있는가? 통증이 느껴지나? 몸의 뒷면에 주의를 집중하라. 어깨뼈 사이에 긴장이 느껴지는가? 깊게 호흡하며 근육을 이완하라. 등 중간과 그 아래로 의식을 옮겨라. 다시 한번 근육에 숨을 불어넣는다고 상상하며 모든 긴장을 내려놓아라.

골반과 엉덩이로 의식을 옮겨라. 이곳의 근육이 긴장되어 있는가? 호흡으로 몸의 중심을 채워 긴장을 내려놓고, 그곳에 할 수 있다는 감각과 자신만의 힘을 불어넣어라.

이제 허벅지, 무릎, 종아리로 의식을 옮겨 먼저 오른쪽 다리, 그리고 왼쪽 다리에 집중하라. 발목을 돌리고 발가락을 꼼지락거려 몸에 남아 있던 긴장을 모두 바닥으로 쏟아내라.

5분 경과

오늘 우리는 자신감과 연민, 용기를 얻는 데 초점을 둘 것이다. 해결되지 않은 문제에 관해 이야기하고 싶은 사람을 떠올려보라. 우리는 종종 불안한 마음으로 시작해 이런 유형의 대화에서 생길 수 있는 최악의 상황을 상상한다. 하지만 그 대신 이 사람이 지닌 최고의 장점을 떠올려보라. 이 사람에게서 존경할 점, 좋은 점이라 느껴지는 구체적인 특성을 찾아라. 유난히 독이 되는 관계라도 당신이 존중하는 한두 가지 장점은 있을 수 있다. 선택한 특성에는 근거가 있어야 한다.

편안한 장소에서 스스로에게 질문하라.

"이 사람의 어떤 점이 좋아?"

당신은 이렇게 대답할 수도 있다. "직업정신이 마음에 들어!" 혹은 "항상 긍정적이라 좋아!"라고. 다음 몇 분 동안, 이 확언을 반복하라.

- 숨을 들이쉬며 물어라. "이 사람의 어떤 점이 좋아?"
- 숨을 내쉬며 답하라. "~이(가) 좋아." 이 사람에 대해 긍정적인 감정을 느껴라.
- 들이쉬며 "이 사람의 어떤 점이 좋아?"

- 내쉬며 "~이(가) 좋아."

이 긍정적인 특성에 집중하면 할수록 더욱더 이것이 진실이라고 확신하게 된다. 이 사람의 부정적인 면으로 마음이 흘러간다면 다시 긍정적인 면으로 초점을 천천히 돌려라. 그들에게 공감하고 최선을 기대하라.

8분 경과

이제 이 관계에서 당신 쪽이 책임을 지는 데 집중할 시간이다. 당신에게는 자신을 이해하고 상대방이 당신의 생각과 감정을 이해하도록 도울 책임이 있다. 당신이 무엇을 느끼고 무엇이 필요한지 말하지 않으면 상대방은 응답할 수 없다. 당신의 마음을 추측하거나 읽는 건 상대방의 몫이 아니다.

- 숨을 들이쉬며 묻는다. "이 사람에게서 원하는(필요한) 게 뭐야?"
- 숨을 내쉬며 대답한다. "~을(를) 원해(필요해)."

이 과정을 반복하며, 호흡할 때마다 더 자신감이 생기는 것을 인지하라. 이 사람에게 원하거나 필요한 다른 것들을 추가해 이 훈련을 반복하라. 이 사람이 당신의 요구에 긍정적으로 응답할 수 있다고 믿어라.

11분 경과

이 사람과 대화하며 그들에게서 혹은 그 상황에서 당신이 원하거나 필요한 것을 알려주고 있다고 상상하라. 깊게 호흡을 이어가라. 의식적으로 깊게, 특히 마음이 최악의 시나리오에 초점을 맞추려 하면 더욱 깊게 호흡하라. 이 사람이 어떻게 반응하든 당신은 자신을 돌볼 수 있다는 사실을 떠올려라.

- 숨을 들이쉬며 확언하라. "나는 최선을 다할 것이다."
- 숨을 내쉬며 말하라. "나는 결과에 상관없이 안전하고 안정적이다."

이 확언을 반복하며 호흡을 의식하라. 호흡이 얕아졌는가, 아니면 깊게 유지되었는가? 확언을 반복하면서 마음으로 몸의 곳곳을 살피며 긴장된 곳은 없는지 의식하라. 확언이 긴장된 곳에 말을 걸어 몸 전체를 이완하고 자신감을 불어넣게 하라.

14분 경과

천천히 바깥세상으로 의식을 깨워라. 심호흡을 몇 번 더 하라.

15분 경과

명상을 마치고 자신과 그 사람에 대해 어떤 기분이 드는가? 이 훈련을 규칙적으로 반복하면 갈등에 대처할 수 있다는 자신감이 올라갈 것이다. 자신의 감정과 욕구, 걱정에 대해 차분히 이야기하기도 더 쉬워질 것이다.

불편한 상황을 마주해야 한다는 불안감이 줄어들면, 더욱 자기감정에 충실해지고 분노나 방어적인 태도가 줄어들며 어떤 결과가 나오든 극복할 수 있게 될 것이다. 새로운 신경 경로가 형성될 것이며 상대방에게 선의를 느끼기 쉬워질 것이다. 당신이 원하는 대로 그들이 반응하지 않더라도 자신의 용기와 진실성에 자신감을 가질 수 있다.

6단계:
두려움의 함정에서 벗어난다

랜디는 그들과의 대화를 더 이상 피할 수 없다는 걸 깨닫고 나와 함께 준비하기 시작했다. 두 부부 간의 긴장이 커지던 어느 날, 랜디가 말했다.

"오늘이 그날이에요. 대화할 시간이 왔어요."

다음번에 상담실을 찾았을 때 랜디는 미소 짓고 있었다. 자리에 앉아 말문을 열었다.

"제가 예상했던 것보단 잘됐지만 바랐던 만큼은 아니었어요."

랜디와 달리아가 퇴근 후 집에 돌아오자, 늘 그렇듯 매트와 케이트는 여전히 집에서 작업을 하고 있었다. 랜디는 잠시 함께 앉아 이야기할 수 있겠냐고 물었다. 처음에 매트는 거절하며 집에 가기 전에 해야 할 일이 아주 많다고 말했다.

"저는 중요한 일이라며 다시 부탁했고, 저희 넷은 주방 탁자에 둘러앉았어요. 먼지로 뒤덮인 탁자라고 해야겠네요.

저는 우리 모두 좋은 뜻과 높은 희망을 품고 이 프로젝트에 뛰어들었다는 말로 시작했어요. 모두 최선을 다했지만, 예상보다 훨씬 오래 걸리고 있다고요. 매트는 제 말을 끊으며 자신을 방어하려 했지만, 저는 하던 말을 끝내게 해달라고 했어요. 화가 나지도 않았고 누굴 탓할 생각도 없다며 그를 안심시켰고, 놀랍게도 그게 정확한 제 심정이었어요. 저는 해결책을 찾고 싶었어요.

 일정대로 되지 않았으니 새롭게 합의가 이루어져야 한다고 말했어요. 케이트가 '그래서 그게 우리에게 무슨 의미가 있죠? 우리 의견도 묻지 않고 계약을 바꾸려는 거잖아요'라고 말했어요. 저는 모두가 최선을 다했음에도 최종 기한을 넘겼을 때 이미 계획은 바뀌었다고 말했어요. 이제 꽤 오랜 시간이 흘렀다고요. 그러니 재협상이 이루어져야 한다고 했죠.

 매트는 등을 기대고 아무 말도 하지 않았어요. 저는 이어서 '달리아와 저는 이 프로젝트가 끝날 때까지 지낼 곳을 찾아야 해요. 저희가 리모델링에 기여할 부분이 더 줄어들 거란 말이에요'라고 말했어요. 매트와 케이트는 서로를 쳐다보며 못마땅한 표정을 지었고요. 저는 '우리 모두 예상보다 훨씬 더 많은 돈과 시간을 쏟아붓고 있어요'라고 계속했죠. 매트가 '그건 말할 필요도 없지' 하고 퉁명스럽게 말했어요.

 '매트, 그렇다면 우리에겐 최소한 세 가지 선택지가 있다고 생각해요. 첫째, 동업관계는 유지하되 예산을 재검토하고 전체 계획을 수정한다. 둘째, 둘 중 하나가 나머지 지분을 매입하고 각자의 길을 간다. 셋째, 집을 지금 상태 그대로 매각한 뒤 채무를 상환하고 남는 이윤이 있다면 반씩 나눈다.'

 케이트는 눈물을 머금고 고개를 끄덕였어요. 그리고 달리아에게 다가가 포옹했죠. '이렇게 되어 유감이에요' 하고 케이트가 말하자 달리아도 고개를 끄덕였어요.

매트는 '케이트와 저는 이 문제에 대해 생각할 시간이 필요해요. 당신이 우리에게 책임을 떠맡기는 게 마음에 들지 않네요. 저희 잘못이 아니잖아요' 하고 말했어요. 제가 다른 말을 할 틈도 없이 그는 자리에서 일어나 주방에서 나가버렸어요. 당황한 케이트는 그를 따라 나갔고요. 그 이후로 두 사람은 집에 작업하러 오지 않고 있지만 이번 주말에 만나 세부 사항을 논의하기로 했어요."

"기분이 어때요?"

랜디가 한숨을 내쉬었다.

"정말 후련해요. 무거운 짐을 어깨에서 내려놓은 기분이에요. 달리아가 저를 무척 자랑스러워해요. 달리아는 남편의 강인한 면을 보고 존경심을 생겼다는 걸 여실히 보여주고 있어요."

그가 눈을 찡긋했고, 우리는 함께 소리 내어 웃었다.

"이 문제를 회피했던 자신을 용서한 것 같나요?"

"네, 그리고 전처럼 매트와 케이트를 원망하지도 않아요. 마치 모두를 용서한 것처럼요. 이제 제가 바라는 건 해결책을 찾고 저희 삶을 살아가는 거예요."

랜디는 우리가 해야 할 일을 하지 않을 때 원한을 품기 쉽다는 사실을 배웠다. 뇌의 원초적인 부분은 우리가 다시 비슷한 처지에 놓이지 않도록 원한을 품고 있게 한다. 우리가 조바심

내며 마음 졸일 때 뇌는 도파민이라는 즐거움을 느끼는 데 중요한 역할을 하는 화학물질을 생성한다. 공포 중추는 마치 우리가 걱정만 해도 안전해지리라 믿게 만들어, 걱정하는 우리에게 보상한다. 하지만 실제로 우리는 자신을 보호하는 적절한 행동을 취할 때 안전해진다.

랜디에게 도전은 걱정 자체가 해결책이 아님을 인식하는 일이었다. 우리는 걱정하는 대신 상황의 실체를 받아들여야만 한다. 무슨 일이 일어났건 이미 일어난 일이다. 과거는 바꿀 수 없다. 이미 끝났다. 하지만 상황을 보고 대응하는 방식을 바꾸면 미래는 바뀔 수 있다.

우리는 대부분 랜디처럼 우리가 객관적인 시선으로 세상을 바라본다고 믿는다. 우리가 보는 모습이 실제 모습이라 믿는다. 하지만 우리가 보는 현실은 종종 인지적 편견으로 왜곡된다. 편견은 우리의 상처와 우리가 상처 입었을 때의 나이를 반영한다. 앞서 언급했듯 우리는 실제 나이와 상관없이 다양한 감정적 나이로 반응할 수 있다.

ⓘ 용서의 단계

첫째, 우리는 누구나 이해받고 싶은 욕구가 있다. 특히 고통에 빠져 있을 때 그렇다. 당신의 이야기를 들어주고 당신이 그 감정을 경험하도록 놓아두는 사람을 찾아라. 어떤 사람들은 당신에게 분노와 원한을 표현하라고 하겠지만 이는 도움 되지 않는다. 자신의 경험을 이야기하고 감정을 표현할 수 있는 안전한 장소가 필요하다. 그 감정을 인정받을 때 우리는 다음 단계로 나아갈 힘을 얻는다.

둘째, 힘든 일이 이미 일어났고 그 결과는 바꿀 수 없다는 사실을 받아들여야 한다. 우리는 대부분 얼마나 깊게 상처받았는지 인정하기를 꺼린다. 상처를 준 사람이 사랑하는 사람이었거나, 자신이 약하거나 부끄럽게 느껴졌다면, 이를 인정하기가 훨씬 더 어렵다. 이는 자연스러운 반응이다. 우리는 더 행복한 결말이나 결과, 현실의 고통을 감당할 필요가 없는 장밋빛 반전을 갈망한다. 시간이 지나고 나서야, 아무것도 이미 일어난 일을 바꿀 수 없다는 사실을 받아들이게 된다. 이미 일어난 일이다. 그러니 일어난 일을 받아들이고 그 경험이 상처가 되었음을 인정하는 것이 중요하다.

셋째, 상대방이 한 행동이 당신과는 아무런 상관이 없다는 사실을 깨닫는 것이다. 그들의 행동은 오로지 당시 그들이 어떤 사람이었는지를 반영한다. 당신이 한 말이나 행동이 그때 그들의 격한 행동을 자극했을지도 모르지만, 당신은 그 사람이 잔인해지거나 학대하거나 무신경해지는 '원인'을 주거나 그렇게 하도록 '강요'하지 않았다.

상황에서 한 걸음 물러나 상대방의 행동을 관찰하기만 하면 된다. 그들이 한 말이나 행동에 책임지지 말라. 당신에게 상처 준 사람은 자기 내면의 상처에 빠져들어 당신의 감정을 고려하지 못하거나 고려할 생각이 없었다. 감정을 가라앉혀 이를 깨닫게 되면, 그들이 한 말이나 행동에서 우리를 비난한다고 느꼈던 감정을 내려놓기가 더 쉬워진다.

넷째, 당신의 행동이 오직 당신만의 책임이라는 사실을 알아야 한다. 당신이 다른 이들의 행동에 비난받아서는 안 되듯, 당신이 잘못했다면 상대방을 비난해서는 안 된다. 자신의 편견을 넘어 우리가 잘못한 일에 책임지기란 쉽지 않다. 하지만 우리는 모두 약점이 있으며, 이를 인식하면 우리는 커다란 이익을 얻는다.

트리거가 작동하면 우리는 이성을 잃는다. 과거의 상처 때문에 눈이 먼다. 두려움을 외면하거나 묻어버리려 애쓰지 않고 그대로 느낄 때, 자신과 타인에게서 인간성을 볼 수 있다. 우리는 선하고 악하다. 약하고 강하며, 완전하고 불완전하다. 이를 받아들이면 우리는 연민을 느끼고 용서로 가는 문을 열게 된다.

우리는 한 걸음 물러나, 우리에게도 다른 이들과 똑같이 편견이 있음을 인정해야 한다. 우리는 세상을 객관적으로 보지 못

한다. 대부분 사람은 자신의 상처에서 비롯된 행동으로 타인에게 상처를 준다. 흔히 사람은 타인이 한 행동 때문이 아니라 자기 내면에서 해결되지 않은 문제 때문에 그렇게 행동한다. 이를 깨달을 때 우리는 고통과 원망을 내려놓을 수 있다.

과거에 일어난 일에 대해 자신과 타인을 용서하는 것이 중요하다. 그것이 자신에게 줄 수 있는 치유라는 최고의 선물이다. 용서하면 분노와 증오, 억압된 감정이 사라진다. 가슴을 무겁게 내리누르고 배를 뒤틀고 머리를 빙빙 돌게 하는 부정적인 감정에서 벗어날 수 있다.

용서한다고 해서 당신이 받은 상처가 별거 아니었다는 의미는 아니다. 사실 용서는 실제로 상처를 입었고 그로 인해 고통받았다고 인정하는 것이다. 당신에게 중요한 것은 가해자에게 그들의 행동에 책임을 지우는 것이다. 당신에게 상처 준 사람은 용서를 구하지 않을 수도 있다. 용서한다는 선택은 근본적으로 당신을 위해서지, 그들을 위해서가 아니다. 용서하면 그들과 연결된 고통스러운 감정에서 풀려날 수 있다. 용서하면 가해자가 당신을 지배했던 힘을 잃게 된다. 이는 당신이 더 이상 그 학대의 경험으로 정의되지 않겠다는 표현이다. 당신은 자신을 생존하고 성장하는 사람, 즉 과거의 어려운 경험을 극복한 사람이라 선언한다.

용서가 가능한 이유는 이 과정에서 새로운 신경 경로가 형성되기 때문이다. 말 그대로 뇌에 기록된 상처의 경로를 우회할 수 있다. 이는 긍정적인 생각을 멈추면 바로 펑 하고 사라지는 긍정 사고 마법이 아니다. 신체의 일부가 되는 진정한 해결책이다. 남은 삶 동안 당신과 함께할 실제 해결책이다.

메이오 클리닉(Mayo Clinic)은 용서가 혈압을 낮춰주고, 스트레스 완화, 우울 증상 감소, 면역체계 강화, 심장 건강 향상 등의 이점이 있다고 보고했다. 올바른 방식으로 하면, 용서는 자유를 준다.

용서할 때 우리는 더 이상 복수하고 싶은 충동에 이끌리지 않는다. 랜디는 과거의 원한을 넘어 용서의 자유로 나아가야 했다. 나는 용서가 자신에게 상처 준 사람에게, 혹은 심지어 자기 자신에게 품은 분노를 내려놓겠다고 선택하는 일이라 정의한다. 용서는 타인뿐 아니라 자기 자신과도 더 나은 관계를 형성하는 데 도움 된다. 당신에게 상처 준 사람과 관계를 지속하고 싶지 않을지도 모르지만, 상대방이 자신의 행동에 책임을 진다면 관계는 회복될 수 있다. 모두 당신에게 달려 있다.

ⓘ 요점 정리

- 어린 시절, 우리는 우리를 보호해주고 존중해줄 어른이 필요했다.

- 또한 갈등과 분노에 대처하는 방법을 보여줄 어른 역할 모델이 필요했다.
- 적절한 역할 모델 없이는 파괴적이 아니라 건설적인 방식으로 갈등을 적절히 처리하는 방법을 알지 못한 채 어른이 될 수 있다.
- 갈등에 대처하는 방식을 알지 못하면 갈등을 두려워하게 된다. 대립한다는 두려움의 함정에 빠져 있으면 갈등을 극복하는 방법은 극도로 제한된다(투쟁, 도피, 경직).
- 우리는 분노를 억누르거나 상대방을 만족시키려 애쓰며 갈등을 피하려고 노력하기도 한다.
- 이는 종종 분노를 억누르되 미묘한 형태로 표출하여 상대방을 짜증 혹은 화나게 하는, 수동공격 행동(passive-aggressive behaviors)으로 나타나기도 한다.
- 분노를 참다가 폭발해 상대방에게 상처를 주는 말이나 행동을 할 수도 있다.
- 이런 감정을 갖게 된 데 상대방을 탓하며 우리가 그 갈등이 생기는 데 한 역할을 간과할 수도 있다.
- 효과적인 대립은 단순히 우리의 감정을 이야기하고 모두에게 유리한 해결책을 찾는 것이다.
- 대립한다는 두려움의 함정에서 벗어나면 우리에게는 문제해결로 가는 수많은 선택지가 주어진다. 공감과 문제해결의

중심인 전두엽이 활성화되어 상대방의 관점으로 상황을 보게 된다.

- 상대방에게 악의적인 의도가 없었음을 깨닫게 되는 경우도 많다. 해를 당한 건 우리지만, 문제는 그들에게 있다. 이를 깨달을 때 우리는 자신과 상대방에 대한 연민을 갖게 된다.
- 상대방이 우리를 상처 입혔다고 인정하지 않는다면 우리는 그들과의 관계를 끊는 선택을 할 수도 있다. 우리는 여전히 그들을 용서함으로써 그들과 연관된 부정적인 감정과 분노에서 벗어날 수 있다.
- 용서는 대립한다는 두려움의 함정에서 자신을 자유롭게 하는 과정이다.

"나는 최선을 다할 것이다."
"나는 결과에 상관없이 안전하고 안정적이다."

4

FEAR TRAPSE

무시당할까 두려운가?

FEAR TRAPSE

ESCAPE THE THOUGHTS THAT KEEP YOU STUCK

사람들은 스테인드글라스 같다.
햇살이 비추면 반짝이고 빛나지만, 어둠이 깔리면
그 안에 빛이 있을 때만 진정한 아름다움이 드러난다.

―

엘리자베스 퀴블러-로스(Elisabeth Kübler-Ross)

아야가 소리를 질러 전화기를 귀에서 떨어뜨렸다.

"상담이 필요해요! 박사님은 저희 남편이 무슨 짓을 했는지 상상도 못 하실 거예요."

그가 무슨 범죄라도 저질렀나 걱정하며 같은 날 두 사람을 만나기로 했다.

두 사람은 30대 초반이었을 때 부부관계가 삐걱거려 1년 반 정도 나에게 상담받은 적이 있었다. 아야는 재혼이었지만 제프는 초혼이었다. 두 사람은 제프가 사랑하는 불독 릴리를 아야가 관리하는 반려동물 용품점에 데려오면서 처음 만났다. 불독을 좋아하는 두 사람은 곧 사랑을 꽃피웠고 결혼식에서 릴리는 '화견' 역할을 했다.

나는 대기실에서 그들을 맞이했다. 불독에 대한 공통된 관심에도 불구하고 아야와 제프는 그레이트 데인과 치와와처럼 어울리지 않는 한 쌍이었다. 일본계 미국인인 아야는 150센티미터 정도의 키에 45킬로그램도 나가지 않았다. 완벽히 단장한 그녀는 색상을 조합하는 특별한 감각이 있어 항상 세련되고 매력적으로 보였다. 어디를 가든 존재감이 빛났지만, 그때는 대기실 의자가 그녀를 삼켜버린 듯 보였다.

반면에 제프는 장신의 스웨덴 사람으로, 붉은 금발에 건장한 체구였다. 의자에 몸을 간신히 쑤셔 넣은 그는 아주 낡은 초록색 플리스 윗옷에 청바지, 양모 모자를 자랑스럽게 착용하고 있었다. 지역에서 꽤 유명한 화가인 제프가 그림을 그리다 말고 상담을 받으러 온 게 아닐까 싶었다. 면도하지 않은 턱에는 수염이 까칠하게 자라 있었고 씻지 않은 손은 무지개색으로 얼룩져 있었다. 두 사람이 자리에서 일어서자, 제프는 아야를 50센티미터 정도 내려다보는 모양새가 되었다. 나는 두 사람을 상담실로 안내했다.

1단계:
당신의 이야기를 한다

문을 채 닫기도 전에 아야가 이야기를 시작했다.

"한 석 달 전쯤에 제프가 생땅콩으로 땅콩버터를 만들기 시작했어요."

제프가 낚아챘다.

"아주 맛있는 땅콩버터예요."

아야도 인정했다.

"네, 맞아요. 제프가 건강한 식습관에 관심 가지게 되어 너무 좋은데, 문제는 릴리예요. 저도 동물을 좋아하고 직장에서 하루 종일 동물을 보지만 주방에 들어오는 건 싫어요. 주방은 제게 오아시스 같은 곳이에요. 저는 요리하는 걸 좋아하고, 제 주방에서는 개와 상대하고 싶지 않아요."

"우리 주방."

제프가 아야의 말을 바로잡았다.

아야는 꺾이지 않고 계속했다.

"릴리가 어딜 가도 상관없지만 주방만은 안 된다는 데 제프도 동의했어요. 하지만 어제 일찍 퇴근하고 집에 와서 제 주방에서 뭘 봤는지 아세요?"

"우리 주방."

제프가 아야의 말을 다시 바로잡았다. 이번에는 아야가 뒤로 조금 기대앉는 제프를 노려보았다. 그녀는 나를 바라보며 최대한 침착하게 말했다.

"주방에서 릴리를 본 것만으로도 당황스러운데, 제프가 릴리에게 먹이고 밥그릇에 남은 땅콩버터를 긁어 제 땅콩버터 병에 담고 있었어요."

"당신 병이라고?"

"그럼, '사람이 쓰는 병'이라고 할게, 됐지?"

그녀가 쏘아붙였다.

"당신이랑 내가 함께 쓰는 유리병이니까, 릴리는 빼고."

그들이 티격태격하는 동안, 내가 놀란 표정을 짓고 있었다는 사실을 아야가 나를 돌아보며 미소 지었을 때 깨달았다. 제프는 짜증 나고 약간 당황스러워 보였다. 나는 제프에게 그의 관점을 물어보았다.

"그게, 릴리의 밥그릇에 남은 땅콩버터를 먹어서 해를 입은 적은 없어요. 아야가 알아차릴 때까지는 문제도 아니었다고요. 뭐가 그렇게 문제죠?"

"뭐가 문제냐고? 첫째, 릴리를 주방에 들이지 않기로 했잖아. 개를 어떻게 다뤄야 하는지 알잖아. 둘째, 나는 개 침으로 오염된 땅콩버터를 먹어왔다고. 셋째, 당신은 내가 화낼 줄 알고 일부러 말하지 않은 거야. 내 감정 따위 완전히 무시당한 기분이야. 당신은 나보다 릴리를 더 사랑하는 것 같아. 사실 당신이 날 사랑하는지 더 이상 모르겠어. 지금 당장 사과하지 않으면 그냥 이혼해버릴 수도 있어!"

아야가 울기 시작했고, 제프가 눈을 굴렸다. 이내 아야는 발끈했다.

"제프, 무시하지 마. 화나 죽겠어. 얼마나 더 이런 식으로 계속할 수 있을지 모르겠어."

제프는 고개를 저었다.

"나도 모르겠어, 아야. 별것도 아닌 일로 호들갑을 떠는 데 너무 지쳤어."

2단계:
트리거를 찾는다

나는 아야에게 제프 없이 상담하자고 하고 다음 날로 약속을 잡았다. 우리는 아야의 감정에 더 깊게 뛰어들었다. 과거 아야와의 상담을 통해, 나는 아야가 신시내티 교외 중산층 지역에서 자랐다는 것을 이미 알고 있었다. 아야의 어머니는 미국으로 이민 온 일본인 가정에서 태어났고, 아버지는 1980년대 중반 일본에서 이민을 왔다. 두 사람 다 존경받는 전문직 종사자였다. 어머니 수미요는 의사 보조로, 아버지 산지는 신시내티에 큰 지점을 둔 일본 은행에서 연락 담당자로 일했다. 아야는 그들의 외동딸이었다.

아야가 여덟 살쯤 되었을 때 가족은 호수에 있는 오두막으로 휴가를 떠났다. 아야는 수영을 못해서 아빠가 가르쳐주길 간절히 바라고 있었다. 그곳엔 땅에서 호수로 이어지는 잔교(棧橋)가 있었다. 아야는 아빠와 잔교 끝까지 걸어가 호수 건너를 바라보았다.

"아야, 여기서 뛰어들자. 아빠가 수영하는 법을 가르쳐줄게."

아빠의 말에 아야는 고개를 저었다.

"호숫가로 가요. 여기서 뛰기 싫어. 너무 깊단 말이야."

아빠는 물이 얕다고 고집하며 뛰어보라고 아야를 계속 구슬렸다.

"아야, 어서! 재밌을 거야."

하지만 아빠가 뛰라고 종용하면 할수록 아야는 더욱 저항했다.

"싫어, 호수에 들어가기 싫어!"

잔교 끝자락에서 뒤로 돌아가려는데 아빠가 아야의 허리를 잡고 들어 올려 물에 빠뜨렸다. 아야는 공포에 휩싸여 몸부림치기 시작했다. 아빠는 소리 내어 웃었다.

"괜찮아, 아야. 그냥 일어서 봐. 빠져 죽을 정도로 깊지 않아."

하지만 물에 빠진 아야는 방향감각을 잃고 어디가 위쪽인지 알지 못했다. 물속에서 물을 엄청나게 많이 마셨다. 그제야 아빠 산지는 딸이 익사할 위험에 처했다는 것을 깨닫고 호수로 뛰어들어 아야를 안전하게 끌어냈다. 엄마 수미요가 오두막에서 소란함을 감지하고 밖으로 튀어나왔다. 딸이 물을 토해내며 크게 울고 있는 모습에 그녀는 황급히 달려갔다.

"산지, 무슨 일이야?"

그녀가 울부짖었다. 산지는 자책하며 고개를 저었다.

"아이를 다치게 할 생각은 없었어."

"당신, 아야를 호수에 내던진 거야?"

그녀가 놀라 날카롭게 소리쳤다.

"응. 아야가 심하게 난리를 쳤어. 나는 아야가 그냥 물속에서 일어서서 이 상황을 재미있게 받아들일 줄 알았어."

"재미있어? 이게 어떻게 재미있어?"

그녀가 다그쳤다.

"정말 미안해. 아야를 다치게 할 생각은 전혀 아니었어. 당신도 알잖아."

"아야, 일어나. 안으로 들어가자."

오두막으로 돌아온 직후, 아야는 구토하기 시작했다. 호숫물은 깨끗하지 않아서 아야는 병이 났다. 엄마는 호숫물에 있는 박테리아에 감염된 딸을 치료했다. 아빠는 계속 사과했다. 하지만 이 경험으로 아야는 물 근처에 가는 것과 병에 걸리는 것에 극도의 공포를 느꼈다. 그래서 다시는 수영하려 하지 않았고 이따금 세균과 청결에 예민하게 굴었다.

아야가 중학교 3학년이 되었을 때 학교에 머릿니가 유행했다. 학급에서 스무 명 중 다섯 명의 머리에 이가 득실거렸다. 아야도 이에 옮을까 봐 걱정되었다. 이에 옮지는 않았지만, 예기치 않은 질병에 걸릴지 모른다는 두려움이 과도한 청결 습관으로 이어졌다.

머릿니가 유행하는 동안 아야는 부모님이 자신의 두려움을 무시한다고 느꼈다. 그녀는 매일 밤 머리를 감고 싶어 했고 계속 어머니에게 머리에 서캐가 있는지 확인해달라고 했다. 처음에는 부모도 아야가 그저 조심하는 거로 생각했지만, 몇 주가 지나자 그 집착에 짜증을 냈다. 어느 날 저녁 식사 때 아버지가 한계에 도달했다. 주먹으로 식탁을 쾅 내려치며 소리쳤다.

"이제 그만 좀 해라!"

아야는 도와달라는 눈길로 어머니를 쳐다보았지만, 어머니는 고개를 숙였다. 그리고 다시는 자신의 불안을 언급하지 못하도록 금지당했다.

"저는 항상 아버지가 저를 호수에 빠뜨려서 정말로 미안해한다는 걸 알고 있었고 그래서 아버지를 용서했어요. 하지만 머릿니에 옮을까 봐 무섭다는 말을 입 밖으로 내지 말라고 거부당했을 때, 부모님과 제 관계는 근본적으로 달라졌어요. 이 '금지령'이 내려지기 전에는 부모님이 저를 이해하고 사랑한다고 생각했어요.

하지만 부모님이 제게 왜 두려움이 생겼는지 들으려고도 하지 않자 저는 완전히 무시당한 기분이 들었어요. 제 감정은 부모님에게 중요하지 않았고, 부모님의 삶을 끔찍하게 침해할 뿐이었죠. 그래서 저는 숨어버렸어요. 배신감은, 특히 항상 마음을 털어놓던 어머니를 향한 배신감은 엄청났죠. 제 혐오감이 릴리와 땅콩버터에만 국한된 게 아니라는 걸 알아요. 하지만 그 부분은 정말 혐오스러워요."

아야는 몸서리쳤다.

> ℹ️ **우리는 매일 얼마나 많은 생각을 할까?**
>
> 부정적인 자기 대화는 우리 뇌의 부정적인 신경 경로를 강화하는 한 가지 방법이다. 일부 연구 결과에 따르면 우리는 하루에 평균 6만에서 8만 가지 생각을 한다. 이러한 생각이 대부분 자신이나 타인, 삶 전반에 대해 부정적이라면 뇌의 스트레스 호르몬이 분비될 가능성이 엄청나게 커진다.
>
> 사실, 뇌의 화학적 경로를 바꾸기로 마음먹으면 우리는 우리 생각을 통제할 수 있다. 감정은 억누르기보다 인식하는 것이 중요하다. 감정에 휘둘릴 필요는 없다. 우리에게는 감정을 있는 그대로 보고 그것으로부터 자유로워질 힘이 있다.

나는 씩 웃었다.

"저도 비슷한 생각이에요. 이 문제는 다음 부부 상담에서 다뤄보기로 하죠."

아야도 동의했다.

"제프가 제 감정을 무시하는 방식이 중점이에요. 벽에 대고 말하는 것 같아요. 제프가 저나 제 행복을 신경 쓰지 않는 것처럼요. 저는 과거에도 주변 사람들이 제가 무섭다거나 어떤 일이 일어나지 않기를 바란다고 말할 때 들어주지 않아 상처받은 적이 있어요."

아야의 첫 번째 트리거: 명확한 요청을 무시당하는 일

죽음은 인류의 가장 큰 두려움일지도 모르지만, 죽을 운명은 우리 모두 직면해야 하는 것이다. 치명적인 위험에 놓이지는 않았지만 아야는 땅콩버터 사건에 마치 죽을 것처럼 반응했다. 어린 시절, 익사할 뻔했던 경험 때문에 생사를 가르는 진짜 위협과 그 위험을 상기시키는 트리거를 제대로 구분하지 못했다.

무시당하는 것을 좋아하는 사람은 없다. 우리 모두 욕구를 인정받고 경계가 존중되기를 원한다. 그러나 아야는 특정한 요구가 무시당하자, 이를 치명적인 위험으로 받아들였다. 편도체가 활성화되어 상황에 대해 더 이상 이성적으로 생각할 수 없었다.

주방에서 릴리를 발견했을 때 아야는 제프가 두 사람이 합의한 일을 어겼다는 사실을 깨달았다. 의심한 것처럼 제프는 꾸준히 개가 주방에 들어가게 놔두었다. 아야는 불안에 휩싸였다. 화나는 일이었지만 자신이 개 침으로 오염된 땅콩버터를 먹어왔다는 사실을 알게 되었을 때 두려움의 함정에 깊이 빠져 버렸다.

갑자기 그녀는 어린 시절, 아버지의 잘못된 판단으로 고통받았던 때로 돌아간 듯한 기분이었다. 대부분의 사람은 개 밥그릇에서 긁어낸 땅콩버터를 먹고 싶어 하지 않을 것이다. 어쩌면 화를 내는 것이 당연했지만, 트리거가 작동했기 때문에 아야는 극단적으로 반응했다.

아야는 생명이 위협당한 듯, 더 이상 제프를 믿을 수 없다며 과잉 반응했다. 아야는 제프의 위생 관념 부족을 자신을 걱정하지 않는 것으로 받아들였다. 아야는 제프의 행동이 딱 한 가지, 제프가 자신을 더 이상 사랑하지 않고 그들의 결혼생활이 끝나가고 있음을 의미한다고 판단했다.

적절한 경계가 설정되어 있다면 누구도 우리를 위험에 빠뜨릴 수 없다. 연쇄살인범에게서 두 발짝 떨어져 있어도, 둘 사이에 두꺼운 유리 벽이 존재한다면 털끝 하나 다치지 않을 수도 있다. 물리적, 관계적 경계는 지나친 취약성과 잠재적 위험에서 우리를 보호한다.

아야는 제프와 경계를 설정했지만, 그는 이를 위반했다. 제프에게 이 경계는 중요하지 않았지만, 아야에게는 생사가 걸린 문제였다. 아야는 자기 감정을 이렇게 요약했다.

"제프가 우리 음식을 오염시키는 모습을 봤을 때, 아버지가 저를 물에 빠뜨렸을 때, 그리고 그 후에 제 두려움을 무시했을 때와 같은 기분이 들었어요. 제가 과민 반응하는지도 모르지만 저에겐 이 상황이 그렇게 보여요. 제프가 제 두려움을 이해하지 못한다면 저는 보호받지 못할 거예요. 저를 사랑하지 않는 거겠죠."

'적절한 경계가 설정되어 있다면 누구도 우리를 위험에 빠뜨릴 수 없다.'

아야의 두 번째 트리거: 제프의 책임 회피

두 번째 트리거는 제프가 두 사람이 합의한 일을 아무렇지 않게 무시한 태도였다. 그는 릴리를 주방에 들이지 않겠다는 약속을 깬 것에 대해 사과하지 않았다. 릴리에게 땅콩버터를 먹이고, 릴리가 먹고 남은 부분을 병에 다시 담은 데 대한 아야의 반감도 무시했다. 제프는 아야의 경계를 침범했다는 사실을 인정하지 않고, 그 대신 그녀의 불안을 조롱했다.

아야는 두 배로 무시당한 기분이었다. 첫째, 그는 약속을 어겼고, 아야 입장에서는 봤을 때 그녀를 위험에 처하게 했다. 둘째, 그는 자기 잘못을 인정하지 않았다. 그는 아야가 경계를 설정했을 때도, 얼마나 화가 났는지 말했을 때도 귀 기울이지 않았다.

3단계:
자기 파괴 패턴을 묘사한다

아야의 치유 과정에서 중요한 부분은 우리가 자신에게 말하는 방식이 우리의 감정에 영향을 미친다는 사실을 이해하는 것이다. 자기 파괴적 사고 패턴은 여러 가지지만, 다음은 아야가 두려움에 반응할 때 나타나는 네 가지 패턴이다.

- 자신을 비하하거나 좌절시키는 자기 대화: "나를 사랑해주고 내 말에 귀 기울여줄 사람이 있을 거로 생각하다니, 나는 바보야."
- 트리거가 작동할 때 자동으로 일어나는 비생산적 사고: "제프는 내 기분 따위 신경 쓰지 않아. 나보다 개를 더 사랑해."
- 비합리적이고 극도로 제한적인 믿음: "제프가 내 말을 듣고 내가 원하는 대로 해줘야만 행복해질 거야."
- 일어날 가능성이 희박한 결과를 강박적으로 걱정하는 최악의 사고: "제프가 또 개를 주방에 들이면 우리 결혼생활은 끝장이야."

앞서 논의한 대로, 우리는 어린 시절 처음 상처받았을 때 자신을 보호하려고 최선을 다했다. 어렸을 때는 기본적인 욕구를 만족시키려면 부모와 보호자에게 의지해야 했기에 선택지가 한정되어 있었다. 뇌는 완전히 발달하지 못해서 삶의 위협에 현실적인 해결책을 찾을 수도 없었다. 나이에 따라 우리는 울거나 떼쓰거나 동생을 괴롭히거나 심지어 도망가려 했을 수도 있다. 하지만 우리는 운전도 못 하고 나가 살 수도 없었기에 결국 최선을 다해 적응해야 했다.

우리는 '효과 있는' 반응을 배우면 계속 그렇게 한다. 그러나 어린 시절의 대처 방식은 미숙하고 어른이 된 후에는 효과적이지 않다. 두 살이나 일곱 살, 열네 살에 개발한 전략은 나이가 들면서 몸에 맞지 않게 된다. 안타깝게도 반복하면 할수록 이 오래된 패턴은 우리 뇌에 더욱 깊게 뿌리내린다.

그런 의미에서 나는 당신에게 박수를 보낸다. 여전히 살아 이 책을 읽고 있다는 사실이 증명하듯, 당신이 생존을 위해 한 일은 효과가 있었다. 그러나 당신은 이제 어른이며, 더 이상 어릴 때처럼 부모님이나 보호자에게 의존하지 않아도 된다. 이제 당신의 어린 시절 방어기제가 당신을 실패로 몰아넣고 있다는 사실을 깨달을 때이다.

'두 살이나 일곱 살, 열네 살에 개발한 전략은 나이가 들면서 몸에 맞지 않게 된다. 안타깝게도 반복하면 할수록 이 오래된 패턴은 우리 뇌에 더욱 깊게 뿌리내린다.'

자기 파괴 패턴 1: 타인의 생각을 묻지 않고 추측하기

아야는 발끈했다.

"저는 왜 이렇게 순진한 거죠? 제프는 약속을 지키거나 제대로 된 인간이 되려고도 하지 않을 거예요. 위생이나 질병, 어떤 것도 이해하지 못하는 것 같아요."

"제프에게 당신에 대해 어떻게 느끼는지 물어봤나요?"

"아니요. 물을 필요도 없어요. 더 이상 저를 사랑하지 않아요. 제가 겁에 질리든 화를 내든 상관 안 해요."

아야는 자신과 제프에 대해 여러 부정적인 생각을 내뱉었다. 그 예는 이러하다.

- "그가 위생적일 거라 믿은 내가 바보야."
- "제프는 우리 부모님처럼 내 말에 귀를 기울이지 않아."
- "나보다 침을 질질 흘리는 그 개를 더 사랑해."
- "제프와 그 더러운 개를 집에서 쫓아버릴 거야."

ⓘ 몸이 보내는 신호를 놓치고 있는가?

불안이나 우울의 원인은 수수께끼처럼 보일 수도 있지만, 우리는 때로 몸이 보내는 신호를 놓친다. 실은, 뇌가 어떻게 작동하는지 더 자세히 들여다보면 그 원인을 찾을 수 있는 경우가 많다.

예를 들어, 연구에 따르면 어린 시절 방치되거나 무시당했다고 느낀 사람들에게 코르티솔(주요 스트레스 호르몬) 수치가 불규칙한 경우가 많다고 한다. 불규칙한 코르티솔 수치는 흔히 불안, 우울, 외상 후 스트레스장애(PTSD)와 같은 정신 장애의 원인이 된다.

이러한 불규칙성은 감정을 조절하는 능력에도 부정적인 영향을 미친다. 좋은 소식은 호르몬 수치는 변화될 수 있다는 것이다. 몸 안에서 호르몬이 하는 역할을 인식할 때 우리는 정신 건강 문제에 더 균형 잡힌 해결책을 찾을 수 있다.

"아야, 당신은 제프에 관해 최악을 가정하고 있지만, 실제로는 그의 감정을 몰라요. 대화하지 않는 이상 우리는 상대방의 감정을 그저 짐작할 수밖에 없어요. 추측은 관계를 위험하게 할 수 있어요. 제프만이 그의 기분을 말해줄 수 있고요. 지금 우리는 제프의 생각을 알고 있다고 추측하기보다 당신의 감정에 집중해야 한다고 생각해요."

진실은 제프가 어떻게 생각하고 느끼는지 아야는 알지 못한다는 것이었다. 두 사람은 서로 자기 말만 했고 상대방에게 귀 기울이지 않았다. 제프가 자신을 사랑하지 않는다고 확신했을 때 아야는 이혼하겠다고 협박했다. 편도체에 지배당한 아야가

할 수 있는 건 싸우거나 도망치거나 얼어붙는 것뿐이었다. 그녀는 도망치고 싶었다.

자기 파괴 패턴 2: 자신의 권한을 넘겨주기

땅콩버터를 두고 엄청난 갈등이 생겼지만, 사실 문제는 쉽게 해결될 수 있었다. 아야가 간단히 자기 개인 병을 쓰고, 제프의 병에 든 땅콩버터를 먹지 않으면 그만이었다. 다시는 개 침에 오염된 땅콩버터를 먹는 걱정을 하지 않아도 되었다.

하지만 아야는 이 해결책에 만족하지 않았다. 그녀는 자신의 자율성을 제프에게 너무 많이 넘겨주어 창조적인 해결책을 찾지 못했다. 제프가 그녀의 경계(그리고 그 외에 다른 것들)를 침범하자, 트리거가 작동되어 그녀는 다시 여덟 살 어린아이로 돌아갔다. 성인 여성은 여덟 살 소녀보다 자신의 경계를 타인이 침범하지 못하게 할 능력이 더 많다. 여덟 살 소녀는 신체적으로 더 작고 정서적으로 덜 성숙하다. 아야는 어른으로서 제프가 경계를 침범하지 않게 할 능력이 있었음에도 피해자 역할을 하며 제프가 자기 말을 듣지 않으면 떠나겠다고 협박했다.

위협을 이용하는 사람들은 두려움의 함정에 갇혀 있다. 가정 폭력의 경우, 폭력적인 혼인관계를 떠나면 해결되는 경우가 많다. 하지만 그때 그렇게 느꼈을지라도, 아야는 그런 상황에 있지 않았다. 아야는 제프에게 자신이 정한 경계를 침범하지 않게 할 자신감이 없었기에 무력감을 느꼈다. 그래서 자신이 안전할 수 있는 유일한 방법이 남편과 개에게서 벗어나는 것이라 믿기 시작했다.

'대화하지 않는 이상 우리는 상대방의 감정을 그저 짐작할 수밖에 없다. 추측은 관계를 위험하게 할 수 있다.'

4단계:
최악의 시나리오를 상상한다

나는 그녀에게 어떤 일이 일어날까 두려웠는지 구체적으로 말해달라고 했다. 아야는 주저하지 않았다.

"우선, 병에 걸릴 수 있었어요."

"릴리가 아픈가요?"

"아니요, 하지만 그래도 저는 병에 걸릴 수 있었어요."

"호수에 빠져 병이 들었을 때 무슨 일이 있었죠?"

"어머니가 저를 돌봐줬어요. 식중독에 걸린 것처럼 많이 토했고 며칠이 지나서야 나아졌어요."

"개에게서 병을 얻었다면 어떻게 됐을까요?"

그녀는 화를 냈다.

"죽을 수도 있었어요!"

나는 그녀를 향해 빙긋 웃었다.

"릴리에게 병을 얻어 죽을 확률이 얼마나 될까요?"

아야는 얼굴을 찡그렸다.

"일어날 수 있는 일이에요."

"정말로 병에 걸렸다면 어떻게 되었을까요?"

"제프가 저를 응급실로 데려갔을 테고, 치료받았겠죠."

나는 고개를 끄덕였다.

"그러고는요?"

"회복했겠지만 제프가 약속을 깨서 제가 병에 걸렸다는 사실에 더 화가 났을 거예요."

"제프에게 화를 내고 병에 걸린 걸로 제프를 탓하면 그다음엔 어떤 일이 일어날까요?"

그녀는 고개를 뒤로 젖히고 천장을 바라봤다.

"저와 릴리, 둘 중 하나를 고르라고 할 거예요."

"당신도 제프만큼 릴리를 사랑하잖아요."

"네, 그렇지만 이건 달라요. 릴리는 떠받들어주면서 저를 무시할 수는 없어요."

"그래서 제프에게 둘 중 하나를 선택하라고 하면 어떻게 될까요?"

아야는 눈살을 찌푸렸다.

"정말 모르겠어요. 둘 중 하나를 고르라고 하면 릴리를 선택할지도 몰라요. 제프는 제가 그렇게 선을 그으면 화를 낼 거예요."

"제프가 당신을 선택했다고 해보죠. 그다음에는요?"

"릴리를 어디로 보내고 싶지 않으니, 저도 화가 날 거예요."

"그러면 결국 개에 대한 문제가 아닌 거네요?"

"네, 둘 중 누구도 잃고 싶지 않아요."

"이혼을 고려하게 된다면 어떻게 할 거죠?"

"여기 와서 상담하면서 해결책을 찾으려 하겠죠."

나는 등을 기대고 앉았다.

"아야, 만약 최악의 시나리오대로 되면 당신은 오늘 있는 바로 이 자리에 있을 거예요. 사실상 그 최악의 시나리오를 지금 경험하고 있는 거죠. 오늘을 살아낼 수 있겠어요?"

"네, 그럴 수 있어요."

"당신이 생각할 수 있는 최악의 상황은 부부 상담을 받고 이 힘든 시간을 이겨낼 방법을 찾는 거예요. 그러니 두 사람이 서로의 경계를 정하고 존중할 방식을 찾아야 해요. 부디 그러길 바라요."

5단계:
용기 있게 사고한다

　　　　　　누군가의 행동이나 말이 우리를 자극할 때 반응하는 이는 우리 안에 있는 어린아이다. 아야의 경우, 제프의 행동이 아야 내면의 여덟 살 아이를 공포에 빠뜨렸다. 여덟 살 아이는 호수에 내던져졌을 때 자신을 보호할 수 없었다. 자신의 경계를 지켜줄 어른이 필요했다. 그녀는 성인이 되었어도 여전히 자신의 경계를 지켜줄 어른이 필요한 듯 행동했다. 아야는 그 상황에서 자신의 권한을 포기했다. 두려움에 눈이 멀어 스스로가 자신에게 필요했던 어른이라는 사실을 깨닫지 못했다.

　트리거가 작동할 때 우리는 두려움을 경험한다. 이러한 두려움을 경험하는 것은 부끄러운 일이 아니다. 하지만 우리는 스스로가 살아온 세월이 축적된 산물임을 깨달아야 한다. 우리는 자기 위안이 필요할 때 자신을 돌볼 수 있는 능력 있는 어른이다. 보호가 필요할 때 자신을 지킬 수 있는 강한 어른이다. 이런 식으로, 우리는 자신의 감정을 인정하고 두려움을 가라앉힐 수 있다.

집중 명상 훈련

요구가 충족되지 않는다고 느낄 때 이 14분 훈련은 당신에게 자신의 힘과 역량을 상기해준다. 시간이 지나면서 안전감을 되찾고, 자신의 요구를 보호할 경계를 정하고, 주변 사람들에게 자신에게 무엇이 필요한지 잘 전달할 수 있게 될 것이다.

◆ ◆ ◆

무시당하는 두려움의 함정에서 벗어나기

시작

팔과 다리를 꼬지 말고 편안한 자세를 취하라. 코로 숨을 들이쉬고 입으로 내쉬어라. 처음에는 가슴으로 얕게 호흡할 수도 있다. 복부 깊이 호흡하는 데 주의를 집중하라. 천천히 호흡할 때마다 배가 팽창하고 수축할 정도로 이완될 때까지 시간이 걸릴 수도 있다. 계속해서 코로 숨을 들이쉬고 입으로 내쉬어라.

5분 경과

이제 더 편안해진 상태에서, 어른인 자신이 어린 시절의 자신과 함께 앉아 있다고 상상하라. 이 모습이 마음속에 그려지면 자신이 몇 살인지 의식하라. 어떤 옷차림을 하고 있나? 어떤 기분인가?

- 숨을 들이쉬며 어린 자신에게 말하라. "너는 안전해, 왜냐하면……."
- 숨을 내쉬며 말하라. "내가 여기 함께 있어."
- 하고 싶은 만큼 반복하라.
- 들이쉬며 말하라. "너는 안전해, 왜냐하면……."
- 내쉬며 말하라. "내가 지켜줄게."

원하는 만큼 되풀이하라.

- 다음 숨을 들이쉬며 말하라. "너는 안전해, 왜냐하면……."
- 숨을 내쉬며 말하라. "네 요구에 귀 기울일게."
- 하고 싶은 만큼 반복하라.
- 들이쉬며 말하라. "너는 안전해, 왜냐하면……."

- 내쉬며 마음에 떠오르는 확언을 하라.

원하는 만큼 되풀이하라.

다음 몇 분간, 이 확언을 반복하거나 아이인 자신의 특정한 요구를 충족하는 확언을 만들라.

어른인 당신은 아이인 당신을 보호할 수 있다. 안전하고 보호받고 있다는 기분에 흠뻑 젖어들라.

10분 경과

당신이 지금, 이 순간에 있다고 상상하며 자신에게 친절하게 말을 걸어라. 우리는 부정적인 자기 대화를 새로운 확언으로 대체할 것이다.

- 들이쉬며 말하라. "내 요구는 중요해, 왜냐하면⋯⋯."
- 내쉬며 말하라. "나는 가치 있는 사람이야."
- 하고 싶은 만큼 반복하라.
- 들이쉬며 말하라. "나는 떳떳이 요구해, 왜냐하면⋯⋯."
- 내쉬며 말하라. "나는 목소리를 내는 어른이야."

원하는 만큼 되풀이하라.

- 들이쉬며 말하라. "나는 안전해, 왜냐하면……."
- 내쉬며 말하라. "나는 나 자신을 보호할 경계를 정해."
- 하고 싶은 만큼 반복하라.

안전감을 강화하는 문구를 채워 이 확언을 계속하라. 당신은 보이지 않는 존재가 아니다. 당신은 안전하고 욕구가 충족될 권리가 있는 중요한 사람이다.

14분 경과

이제 현재로 주의를 돌릴 시간이다. 당신 내면의 세상은 이 명상을 통해 변화했다. 뇌는 안정되었다. 뇌의 공포 중추가 비활성화되고 새로운 신경 경로가 형성되었다. 이 집중 명상을 반복할 때마다 이 경로는 강화될 것이다.

명상을 계속하면 자신이 보이지 않는 존재처럼 느껴지거나 아무도 자신을 이해하지 못한다고 느껴질 때 스스로를 더 잘 위로할 수 있게 될 것이다. 자신에게 주의를 기울이고 자신을 더 잘 이해할수록 당신에게 무엇이 필요한지 다른 이들과 더 잘 공유할 수 있을 것이다. 자신을 사랑할수록 자신의 가치와 존재의 의미를 더 쉽게 믿을 수 있을 것이다.

이제 손가락과 발가락을 꼼지락거려 천천히 바깥세상으로 의식을 깨워라.

심호흡을 몇 번 더 하라. 이제 자신감을 가지고 스스로 목소리를 낼 수 있는 새로운 활력이 생겨 삶에 뛰어들 준비가 되었다.

6단계:
두려움의 함정에서 벗어난다

아야는 나와 한 달 동안 상담을 진행하며 매일 명상을 했다. 자존감이 높아졌고 더 자신 있어졌으며 덜 위협받았다. 아야는 다음 상담에 제프와 함께 와도 되는지 물었고 나는 긍정적인 진전이 될 거라며 동의했다.

제프와 아야는 그들의 관계를 회복할 수 있다는 희망을 안고 상담실로 들어섰다. 제프는 나를 보고 말했다.

"그녀를 사랑해요. 솔직히 제게는 전혀 문제가 되지 않는 일에 왜 그렇게 화를 내는지 이해하지 못했어요."

나는 그에게 연민을 느끼며 대답했다.

"그 말 믿어요. 당신이 아야의 말 속에 숨어 있는 두려움을 제대로 듣지 못했다고 생각해요. 이제 아야의 시각으로 상황을 바라볼 마음가짐이 되었나요?"

"해볼게요."

"아야, 알아차리지 못했겠지만, 당신도 제프의 감정을 제대로 보지 못했어요."

아야는 잠시 놀란 듯했지만, 금세 얼굴이 풀어졌다.

"이제야 알겠어요. 제프가 제 말을 듣지 않아서 속상했지만, 저도 이 사람 말을 듣지 않았어요."

아야는 제프를 쳐다보았다.

"함께 이 문제를 해결할 방법을 찾고 싶어요."

"두 사람 모두 상대방의 말을 제대로 듣지 않았으니 이 관계에서 성공하려면 그걸 바꿔야 해요. 아야, 제프가 당신의 경계를 존중하지 않을 때 어떤 기분이 드는지 제프에게 말해주겠어요?"

"제프, 나는 과거에 있었던 일 때문에 너무 두려워. 과민 반응하기 전에 스스로 멈추려 노력하고 있지만, 그러려면 당신이 우리가 약속한 것들을 지켜줘야 해. 그게 기본적인 친절과 존중이야."

제프는 동의하며 고개를 끄덕였다.

"솔직히 릴리를 주방에 들이는 게 당신에게 그렇게 큰 문제라고 생각하지 못했어. 미안해. 당신에게 정직하지 못했고 규칙에 불만을 품었어. 하지만 릴리와 관련해서는 우리 둘 다 편해질 수 있는 새로운 합의점을 찾을 수 있다고 생각해."

"땅콩버터 문제는 어떻게 할 건가요?"

아야가 코를 찡긋했다.

"저는 '제 전용 병'을 따로 쓸 거고 제프는 원하는 만큼 개 침을 먹으면 돼요. 다시는 그런 일을 겪고 싶지 않아요."

아야와 제프는 비합리적인 두려움을 극복하려면 완전히 다른 사고방식으로 나아가야 한다는 것을 배웠다. 아야는 땅콩버터 병을 따로 쓰기로 자청하며 제프와의 경계를 설정했다. 자신이 원하는 대로 제프가 행동하게 하려고 상황을 지나치게 과장할 필요도 더 이상 없다고 느꼈다. 제프도 자기 행동을 변화시켰고, 이를 통해 두 사람 사이에 신뢰가 강화될 수 있었다. 사랑하는 사람들을 밀어내거나 관계를 끝내기보다 자신을 보호할 적절한 경계를 정해야 한다. 스스로를 고립시키지 않고 어떻게 존중받을지 명확한 규칙을 정해서 자신을 보호할 수 있다.

요점 정리

- 어린 시절, 우리는 우리를 안전하게 지켜줄 어른이 필요했다. 적절히 보호받지 못했거나 누군가 우리의 경계를 침범했다면, 우리는 안전하지 못하다는 느낌과 관련된 핵심 상처를 갖게 될 수 있다.
- 또한 요구를 효과적으로 전달하고 감정적, 신체적 경계를 명확하게 설정하는 법을 보여줄 어른 역할 모델이 필요했다.
- 적절한 역할 모델 없이는 경계를 정하고 요구를 존중받고 충족시키는 방법을 알지 못한 채 어른이 될 수 있다.
- 어른으로서 우리는 적절한 경계를 설정해 자신을 안전하게 지킬 책임이 있다. 우리 삶에 속한 사람들은 우리의 경계를 존중한다. 어떤 이들은 의도적으로든 그렇지 않든 우리를 해칠 수 있기에 더 강한 경계가 요구된다.

- 우리에게는 경계를 정하고 지키게 할 책임이 있다. 자신을 안전하게 지키려면 다른 사람이 우리의 경계를 침범하면 어떤 결과가 일어날지 설정해야 한다.
- 타인에게 두렵거나 불편한 감정을 표현할 때, 우리는 그들이 경청하고 응답함으로써 우리의 경계를 존중하도록 요구해야 한다.
- 트리거가 작동하면 실제로는 그렇지 않더라도 심각한 위험에 처한 듯이 느낄 수 있다. 이는 과잉 반응의 예시다.
- 어른으로서 우리는 자신의 욕구를 이해하고 보호하여, 안전하지 않다거나 누구도 들어주지 않는다는 두려움을 진정시킬 수 있다.

"나는 안전해, 왜냐하면······."
"나는 나 자신을 보호할 경계를 정해."

5

FEAR TRAPSE

실패가 두려운가?

FEAR TRAPSE

ESCAPE THE THOUGHTS THAT KEEP YOU STUCK

> 우리는 완벽하게 보이며 존경받는 길을 선택할 수도,
> 진짜 모습을 드러내고 사랑받는 길을 선택할 수도 있다.
>
> ―
>
> 글레논 도일 멜턴(Glennon Doyle Melton)

잘생긴 흑인 남성이 상담실로 들어섰다. 활짝 미소를 지으며 자신만만하고 매력적인 태도로 소파에 앉았다. 카키색 바지에 빳빳한 셔츠를 입고 있었다. 성공의 기운을 풍기며 인생에 행복할 이유는 충분하다는 듯한 모습이었다.

나는 그랜트를 전에 어디선가 본 적이 있다는 생각이 들었다. 그래서 우리가 다른 곳에서 만난 적이 있는지 물었다.

"아닐 거예요. 하지만 최근에 신문에 실린 제 사진을 보셨을지도 몰라요. 시내 거대 법인이 관련된 소송 사건의 변호를 맡았었거든요."

"네, 그 기사 기억나요. 꽤 오래 끌었던 사건이었죠?"

그랜트는 창밖의 나무들을 응시하며 미소 지었다.

"그 사건에서 승소한 건 제 경력 최고의 순간이었고, 나중에 정치계에 입문할 때도 도움이 될 거예요."

"정치에 관심이 있으시군요?"

"네. 적어도 그게 아버지가 저를 위해 계획하신 일이에요. 아버지는 지방 검사이신데, 항상 주 상원의원이 되고 싶어 하셨어요. 출마는 하셨지만 당선되지 못하셨죠. 그래서 아버지는 제가 대신 주 의사당에서 저희 가문의 이름을 빛내야 한다고 하셨어요. 저는 2월에 마흔 살이 되었고, 제 경력과 관련해서 모든 게 딱 맞아떨어지고 있어요. 하지만 그게 제가 여기 온 이유는 아니에요."

1단계:
당신의 이야기를 한다

나는 그랜트에게 더 이야기해달라고 요청했다. 한순간, 그의 눈에 분노의 빛이 스치고 지나갔다. 이야기를 시작하자 옅은 미소가 그 자리를 대신했다.

"한 가지만 확실히 하죠. 여기 온 건 제 생각이 아니에요. 아내가 저를 떠나고 싶어 하고 제가 전문가를 만나지 않으면 끝이라고 했어요. 러네이는 한동안 부부 상담을 받아보자며 저를 설득했었어요. 저는 사건 때문에 너무 바쁘다고 계속 미뤘죠. 하지만 당연히 한 사건이 끝나면 다른 사건이 들어와서 적당한 때가 없었어요. 실은 이런 상담실에 앉아 있을 생각은 전혀 없었어요. 기분 나쁘게 듣진 마세요."

"전혀요. 상담을 거부한 이유가 뭐죠?"

나의 물음에 노려보듯 나를 보며 그가 대답했다.

"상담을 받는다는 건 어떤 식으로든 제가 실패했다는 뜻이니까요. 저에게 실패란 없어요."

나는 그 말을 곱씹었다. 그가 한 말과 말하는 방식 사이에는 조금 충격적인 괴리가 있었다. 슬프고 분노에 찬 단어들을 미소와 따뜻함으로 전달하는 방식이 그랬다.

"그런데 지금은요?"

"러네이가 지난주에 이제 끝이라고 말했어요. 이혼하고 싶다고, 아이들 학업에 지장 없게 자기는 아이들과 거기 살 테니 저에게 나가달라고요. 저는 머리를 한 대 얻어맞은 것 같았어요. '무슨 얘길 하는 거야? 너무 갑작스럽잖아'라고 했죠.

러네이는 저를 보더니 고개를 저었어요. 그녀는 오랫동안 불행했다고, 자기가 뭘 하든 저는 관심이 없다고 하더군요. 제가 부부 상담을 거절한 이후로 러네이는 혼자 상담을 받았어요. 그녀의 말로는 제가 이혼이라는 선택지밖에 남겨두지 않았대요."

그는 잠시 멈추고 고개를 돌렸다. 아내와의 대화를 다시 떠올리는 듯했다. 다시 나를 돌아보았을 때 그는 또다시 절제되어 있었다.

"러네이는 '원하면 상담을 받으러 가도 좋아. 당신이 마침내 노력할 의향이 생겼다는 걸 보여주면 한 달 보류해줄게. 하지만 이제는 당신 혼자야. 당신은 너무 오랫동안 나를 우선순위에 두지 않았어'라고 말했어요. 스텔라 박사님, 그래서 저는 제 의지와 상관없이 여기 오게 된 거예요."

"이 모든 일에 꽤 침착해 보이네요."

그랜트는 빙긋 웃었다.

"변호사 훈련의 결과죠."

그는 손으로 이마를 문지르며 한숨을 내쉬었다.

"사실 저는 산산조각 났어요. 잠도 제대로 자지 못하고 과식을 일삼아요. 제 세상이 통제 불능 상태로 빠져드는 것 같아요. 사실, 통제 불능이에요. 러네이와 저만 알고 있을 뿐이죠. 불안에 대처하고 이 상황을 감당할 방법을 알아내는 데 도움이 절실해요. 모든 걸 잃게 생겼어요."

2단계:
트리거를 찾는다

그랜트에게 그의 성장 배경에 대해 더 이야기해달라고 부탁했지만, 대부분 내담자와는 달리 그는 고개를 가로저었다.

"저는 과거로 돌아가기 위해서가 아니라, 지금, 여기에서 벌어지고 있는 저희 부부 문제에 관해 이야기하러 온 거예요."

처음으로 그의 얼굴에 슬픔의 감정이 여실히 드러났다. 약간 두려운 기색도 비쳤다.

"어린 시절이나 가족에 대해 이야기하고 싶지 않은 이유를 말해줄 수 있나요?"

"들춰내고 싶지 않은 일들이 있었어요. 이대로도 충분히 스트레스를 받는걸요. 과거 이야기를 하면 완전히 무너져버릴까 봐 걱정돼요. 누나는 그 문제를 극복하려고 심리 상담을 받았는데 더 나빠지기만 했어요. 과거의 일을 이야기하면 할수록 더 우울해졌죠. 결국 누나는 다시 균형을 찾을 때까지 병원 신세를 져야만 했어요. 제게는 그런 일이 일어나지 않길 바라요."

강한 척하던 그의 가면이 벗겨졌다. 내 앞에는 어린 소년이 앉아 있었다. 진실을 입 밖에 내면 무슨 일이 벌어질지 몰라 겁에 질려 있었다. 그 생각만으로도 트리거가 작동했다. 나는 그랜트가 두려움의 함정으로 떨어지는 모습을 지켜보았다. 나는 차분히 그를 안심시켰다.

"저는 당신을 위협하려는 게 아니라 지지하고 도우려는 거예요. 어떤 심리치료사들은 과거의 학대에 직면하면 그 영향력이 줄어들 거라는 생각으로 내담자들에게 과거에 학대당한 일을 반복해서 말하라고 권하곤 했죠. 하지만 지금은 왜 일부 사람은 나아지지 않았는지 설명해주는 뇌 연구 결과가 있어요."

"누나의 경우에는, 더 나빠졌어요."

"네, 그런 일도 있긴 해요. 하지만 제 방식은 그렇지 않아요."

나는 그에게 뇌가 트라우마를 기억하는 방식과 어두운 감정에 빠지지 않고 그 기억을 돌아가는 경로를 만드는 구체적인 방법을 어떻게 배울지 설명해주었다. 그가 눈에 띄게 긴장을 풀었다.

"좋아요. 어떻게 될지 한번 보죠."

그는 깊이 숨을 들이마셨다.

"저희 부모님은 두 분 다 자기 삶의 터전을 열심히 가꾼 중산층 가정에서 자랐어요. 아버지는 거기서 한 단계 더 끌어올려 이 도시에서 큰 영향력을 갖게 됐죠. 겉으로 보이는 모습이 항상 중요했어요."

그는 자신과 누나 애나는 최고의 학교, 유행하는 옷, 해외여행 등 원하는 건 무엇이든 가질 수 있었지만, 가족의 명예를 드날려야 한다는 엄격한 기대가 있었다고 말했다.

"누나는 그런 압박에 반항하며 열여덟 생일에 '열등한' 집안의 젊은 남자와 집을 나갔어요. 누나는 정서적, 경제적으로 의절을 당했죠. 부모님은 제가 누나와 부모님 사이에서 한쪽을 선택해야 한다고 했어요. 저는 고등학생이었어요. 제가 뭘 할 수 있었겠어요? 부모님이 저를 내쫓을까 봐 두려워서 누나와 연락을 끊었고, 그 후로 누나와의 관계를 바로잡지 못했어요. 여전히 후회하는 일이에요."

"그게 누나를 벼랑 끝으로 내몰았나요?"

"부모님이 누나를 거부하자 누나는 완전히 망가졌어요. 스스로 돌볼 수 없는 아이가 된 것처럼요. 누나와 매형은 너무 어리고 미숙했어요. 누나는 술을 마시고 나락으로 떨어지기 시작했죠. 끔찍한 삶을 살아왔어요."

나는 고개를 끄덕였다.

"고통스러웠겠네요. 그다음엔 무슨 일이 있었죠? 러네이와는 어떻게 만났나요?"

"로스쿨에서요. 즉시 그녀에게 마음을 뺏겼어요. 그녀는 자그마했고, 밝게 웃었죠. 고등학교 때는 학교 퀸이었고 지역 미인대회에서 우승한 적도 있어요. 저희는 바로 사귀기 시작했어요. 하지만 부모님이 러네이와의 결혼을 전적으로 찬성하는지 확인하고서야 그녀에게 청혼했어요. 부모님을 기쁘게 하면 뭐든 잘되리라 생각했죠. 저희는 졸업하자마자 결혼했어요.

저는 기업법으로, 러네이는 가족법으로 뛰어들었고, 저희는 아주 잘나갔어요. 큰 집을 사고 좋은 차를 몰고 컨트리클럽에도 가입했죠. 완벽한 한 쌍이었어요. 저는 깜짝 주말여행과 근사한 저녁 식사로 러네이를 놀라게 했죠. 정기적으로 꽃을 보내기도 했어요. 그런데 아이를 가지기로 결심하면서 상황이 복잡해졌어요.

러네이는 아들이 태어난 후 다시 일할 계획이었지만 전업으로 하는 주부생활이 정말 잘 맞는다는 걸 깨달았어요. 저도 아내가 일을 그만두는 데 동의했고, 제가 아는 한 러네이는 후회한 적이 없어요. 30대 초반이 되었을 때 저희는 둘째를 가졌죠. 딸이었어요. 외벌이 가정이 된 후 저는 저희 생활방식을 유지하기 위해 더 많은 시간 일해야 한다고 생각했고, 그때쯤 제가 집에 있는 시간이 없다고 러네이가 불평하기 시작했죠."

"그녀가 불만을 표현했을 때 어떻게 했나요?"

"그녀에게 그다지 신경 쓰지 않았단 건 인정해요. 제가 봤을 때 저희는 완벽한 가족이었거든요."

나는 그의 말을 끊었다.

"당신에게는 완벽하다는 게 중요한가요?"

"저는 항상 기대 이상의 성과를 내왔고 스스로 매우 높은 목표를 설정해왔어요. 러네이는 멋진 사람이에요. 밖에서 그녀와 함께 있으면 언제나 자부심을 느껴요. 게다가 그녀는 좋은 엄마고 아이들도 잘 크고 있어요. 저는 계속해서 돈이 들어오도록 최선을 다했지만, 로맨틱한 여행 같은 건 곁길로 빠져버렸어요."

그는 다시 창밖을 응시했다.

"이렇게 입 밖으로 내니 정말 이기적으로 들리네요. 하지만 결혼생활보다 일에 집중하는 게 훨씬 더 쉬웠어요. 러네이를 행복하게 하는 건 너무 어렵게 느껴져서 보상이 주어지는 곳으로 갔던 것 같아요. 주말에 외출하려고 돌보미를 구하는 건 득보다 실이 더 많아 보였고, 저희 부모님은 가까이 있을 때도 아이들을 봐주실 분들이 아니에요. 러네이가 제 관심을 끌려고 하면 할수록 저는 더 저항했어요. 사실, 가끔 너무 짜증이 나서 그녀가 원하는 반대로 했죠. 잔소리를 듣기 싫었고 그녀는 불평만 하는 것 같았어요."

그는 잠시 멈췄다가 계속했다.

"러네이와 제가 인생에서 같은 것을 원하던 때가 있었어요. 하지만 지금은 생각이 다른 것 같아요. 저한테 바람을 피우냐고 묻기까지 하더라고요. 저는 '바람피울 시간이 있기나 하겠어?' 하고 되물었죠. '항상 당신에게 충실했어'라고요.

그런 질문을 받고 난 후, 상황이 심각하다는 걸 깨달았어요. 그래서 몇 번이나 꽃을 보내고 근사한 저녁 식사 자리에 데려갔죠. 비싼 목걸이를 선물하기까지 했어요. 목걸이를 정말 마음에 들어 하며 계속해서 하고 다녔어요. 하지만 그러다 저는 다시 일에 휩쓸려갔죠. 어느 날 밤 러네이가 제 앞에서 목걸이를 풀며 말했어요. '그랜트, 돈을 쓴다고 다가 아니야. 난 진짜 결혼생활을 원해'라고요."

그는 잘 다듬어진 손가락을 내려다봤다.

"전에 아무에게도 한 적 없는 이야기를 하나 해드릴게요. 저는 저 자신이 전부 가짜같이 느껴져요. 러네이를 잃고 아이들을 매일 보지 못한다고 생각하면 끔찍해요. 그런데 또 두려운 게 뭔지 아세요? 법률 사무소 사람들이 제 인생에서 정말로 어떤 일이 벌어지고 있는지 알게 되는 거예요. 이혼 절차를 밟는 와중에 어떻게 선거에 출마할 수 있겠어요?"

그랜트는 고통스러운 눈빛으로 나를 바라봤다.

"러네이가 자기 인생에서 나가달라고 한 후부터 저는 감정적으로 완전히 망가져버렸어요. 그녀는 아주 오랫동안 저를 닦달해왔지만, 이제는 아무 말도 없이 물러나 있어요. 저는 그녀가 상담을 받으며 자기만의 길을 찾아왔다는 걸 깨달았어요. 제가 이 상황을 해결하지 못하면 그녀는 저를 떠날 거예요. 아버지가 뭐라고 하실지 상상조차 못 하겠어요. 어떻게 해야 할지 모르겠어요. 이혼하고 싶지 않아요."

"이 일이 과거의 어떤 일을 떠오르게 하나요?"

그랜트가 고개를 떨궜다.

"저는 항상 부모님, 특히 아버지의 인정을 받으려 노력했어요. 제 어린 시절은 온통 무언가를 이루고 잘나 보이는 게 다였죠. 누나와 저는 옷을 잘 차려입지 않으면 집 밖으로 나갈 수도 없었어요. 장을 보러 갈 때조차 저희는 완벽하게 보여야 했죠. 어머니는 '책은 모두 겉표지로 판단된단다'라고 말씀하셨어요.

아버지는 저에게 특히 엄격하셨어요. 아버지는 제가 모든 면에서 특출나기를 바라셨고 그러지 못하면 벨트로 때리셨어요. 어머니는 아무것도 하지 않으셨고요. 그래서 저는 성실한 학생이었어요. 벨트를 피하기 위해서라면 무엇이든 했죠.

아버지는 키가 정말 크세요. 고등학교 때 농구 선수셨고, 사실 대학도 운동 장학금으로 갔어요. 박사님은 제 키가 조금 작은 편에 속한다는 걸 눈치채셨을 거예요."

그가 말하기 전에는 알아채지 못했지만, 그랜트가 지적하자 농구 코트에서는 문제가 되었으리라는 생각이 들었다. 그는 계속 말을 이었다.

"하지만 아버지는 제가 아버지처럼 대학 농구 대표팀에 들어가길 바라셨고, 솔직히 말하면 저는 슛을 잘 쐈어요. 뒷마당에서 아버지와 연습도 많이 했지만, 농구는 단순히 제가 원하던 게 아니라서 매 순간이 싫었어요. 그러다가……."

그랜트가 미소 지었다.

"열다섯 살 여름에 제 키가 훌쩍 자랐어요. 키가 너무 빨리 커서 통증이 심했지만, 그해 가을에 학교로 돌아가면 마침내 팀에 합류하리라 확신했죠."

"그랬나요?"

"아니요. 다른 녀석들도 모두 그해 여름에 키가 컸어요. 저도 전보다는 키가 컸지만, 개중에는 180센티미터를 넘긴 친구들도 있었어요. 저는 절대 아버지를 만족시키지 못하리란 걸 깨달았죠."

"그래서 어떻게 했나요?"

"코치님께 고함을 치고 이 멍청한 짓에 다시는 도전하지 않겠다며 욕설을 내뱉었어요. 집에 돌아왔을 때는 이미 코치님이 아버지에게 전화를 걸어 제가 욕을 했다고 전한 후였고요. 아버지는 노발대발하셨죠. 일대일 대결을 하자며 저를 주차 진입로로 끌어냈어요. 제가 골을 하나 놓치자, 아버지가 제 뒤통수를 세게 내리쳤어요. 저는 넘어져 1분 정도 멍하니 있었어요. 그때 제 안에서 뭔가 툭 부러졌죠. 다시 일어섰을 때 저는 분노로 이글거렸어요. 분노가 저를 차갑고 맑은 정신 상태로 이끌었어요.

그때부터 저는 활활 불타올랐어요. 아버지는 제가 훌쩍 큰 키 덕분에 얼마나 큰 이점을 얻었는지 깨닫지 못했죠. 저는 기를 써 압박 수비를 펼쳤고 아버지는 슛을 쏘지 못했어요. 공이 골대에 맞고 튕겨 나올 때 저는 아버지 위로 점프해서 골대로 내리꽂았어요. 아버지를 꼼짝 못 하게 했을 뿐 아니라, 굴욕을 줬어요. 아버지가 땅에 내던진 공이 튀어 이웃집 마당으로 담장을 넘어가자, 아버지는 아무 말 없이 그냥 집 안으로 휙 들어가 버렸죠. 다시는 저와 농구하지 않았어요. 다시는 저를 때리는 일도 없었죠."

그랜트의 첫 번째 트리거: 자신의 결함과 직면하기

그랜트는 부모에게 아주 높은 기준에 자신을 맞추라는 가르침을 받았다. 완벽하지 못한 것은 용납되지 않고 제거되거나 감추어져야 한다고, 최고가 되지 못하면 아무런 가치가 없다고 배웠다. 그랜트는 육체적 학대와 정서적 방임을 겪으며 깊이 상처 입었다. 그 결과, 그는 평범한 결점과 강점이 있는 다른 사람들처럼 자신도 인간임을 받아들이는 법을 배우지 못했다.

우리가 느끼는 게 모두 진실은 아니다

우리의 생각과 감정이 항상 진실을 말해주지는 않는다. 예를 들어, 우리 딸이 다섯 살이었을 때 딸은 밤마다 자신의 침대 밑, 검은 장막 아래 괴물이 산다고 확신했다. 내가 뭐라고 하건, 침대 밑을 얼마나 철저히 검사하건 상관없이 거기 괴물이 있다고 믿었다.

정말로 겁에 질려 괴물이 은신처에서 빠져나오지 못하도록 불을 켜고 잤다. 그 두려움의 힘에 이끌려 괴물이 진짜라고 믿었다. 어른인 우리는 침대 밑에 괴물이 존재하지 않는다는 사실을 안다. 하지만 아이들과 마찬가지로 두려운 것을 자연스레 진짜라고 믿는다.

실패라는 괴물이 당신에게 굴욕을 주려 숨어 있다고 느낄 수도 있지만 그건 사실이 아니다. 우리는 모두 실수하고 때로는 성공하며 때로는 실패한다. 각각의 실패가 배움의 기회다. 침대 밑 – 혹은 다른 어디에 숨어 있든 – 괴물이 두려워지기 시작하면 그것이 어른의 생각이 아니라 아이의 생각임을 기억하라. 아이들은 실제로 존재하지 않는 괴물을 두려워한다. 두려움에 갇혀 있으면 아이처럼 생각하고 행동할지도 모른다. 하지만 두려움의 함정에서 벗어나 현재의 자신과 만나면 괴물은 마법같이 사라질 것이다. 자유는 어른인 자신을 있는 그대로 바라볼 때 찾아온다.

그랜트는 완벽주의자가 되어 부모의 사랑을 얻으려고 필사적으로 노력했다. 그것이 삶의 모든 영역으로 흘러들었다. 단지 좋은 결혼이 아니라 완벽한 결혼을 원했다. 단지 행복한 아이들이 아니라 자랑할 만한 아이들을 원했다. 단지 좋은 경력이 아니라 자신이 주목받을 경력을 원했다. 완벽해야만 가치 있다는 부모의 메시지를 내면 깊이 받아들였다.

그의 내면에 있는 어린 소년은 여전히 부모의 사랑과 인정을 갈구했다. 정치계에 입문하면 아버지가 마침내 사랑해주고 인정해주리라 생각했다. 그 목표에 너무 집중한 나머지 결혼생활에서 발생하는 문제들을 외면했다.

그는 실패감에 압도되었다. 한 번도 부모에게 사랑받는다고 느낀 적이 없었다. 누나에게서 멀어졌고, 유일하게 의지할 수 있다고 생각했던 러네이도 떠나겠다고 협박하고 있었다. 그랜트는 어른으로 그 상황을 해결하기보다, 충분히 잘하지 못했다는 이유로 아버지의 벨트에 맞아 쓰라림을 느끼던 어린 시절로 돌아갔다.

그랜트의 두 번째 트리거: 공개적으로 망신당한다는 위협

그랜트의 부모는 그랜트에게 공개적 망신이 당할 수 있는 최악의 조롱이라 믿게 했다. 그로 인해 딸과도 의절했다. 만약 결혼이 실패했다는 소식이 알려지면 그랜트는 아버지와 친구들, 동료들로부터 더욱 거부당할 거로 생각했다.

그는 씩씩대며 말했다.

"어떻게 러네이가 자기의 이기적인 요구를 관철하려 우리 인생 전체를 아무렇지 않게 망치려 드는지 이해하지 못하겠어요. 함께 투자한 것들과 공개적인 사회생활이 있고 저는 지역에서 주목받는 직업을 갖고 있다고요. 공개적으로 이혼하는 게 저한테만큼 자기한테도 굴욕적인 일이란 걸 모르는 걸까요?"

그랜트의 핵심 상처는 성공하지 못하면 창피당하고 버려지리라는 두려움이었다. 그는 남몰래 자신이 '부족'하다고 느꼈기 때문에 타인의 인정을 받지 못하면 안전하고 만족스러운 소속감을 느낄 수 없었다. 일과 의무를 짊어지고 분주히 뛰어다니지 않는 조용한 순간에는 극심한 고통에 사로잡혔다. 그는 나에게 말했다.

"구멍에 빠져 사라져버릴까 너무 두려울 때가 있어요. 이걸 견딜 수 있는 유일한 방법이 계속 바쁘게 지내는 거였어요."

안전감이 부족한 탓에 그랜트는 자기 문제에 대해 자기혐오와 타인에게 책임 전가, 둘 양쪽을 오갔다.

3단계:
자기 파괴 패턴을 묘사한다

그랜트는 누구도 공유하지 않아야 하는 비밀과 함께, 완벽이라는 허식을 모두 갖춘 가정에서 자랐다. 그 결과, 그는 자신이 느끼는 깊은 수치심에 대처하려고 매우 비효율적인 패턴을 만들어냈다. 그는 누나처럼 공개적으로 가족에게 창피를 준다면 자신도 부모에게 버려질 것을 알고 있었다. 누나를 거부하는 데 동참해서 누나의 고통을 가중시켰다는 것도 알고 있었다. 그는 하루하루 더 아버지처럼 변해갈까 두려웠다.

자기 파괴 패턴 1: 완벽이라는 가면 뒤에 숨기

허공으로 두 팔을 들어 올리며 그랜트가 말했다.

"그냥 제가 가짜라는 걸 인정해야겠어요. 오랫동안 행복했던 적이 없어요. 하는 것마다 다 부족해요."

성공한 순간에는 자기 회의감이 경감되었지만, 축하가 끝나고 나면 곧바로 다시 고통의 심연에 빠졌다. 타인을 만족시키려는 집착은 곧 완벽주의를 추구하게 했다. 이는 처음부터 불행한 결말이 예정된 것이었다.

완벽한 사람은 없다. 완벽해지려고 애쓰다가 삶을 파괴할 뿐이다. 완벽해질 수 없을 때 또 다른 전략은 가장하는 것이다. 그랜트는 둘 다였다. 약점의 흔적을 모두 감추기 위해 그는 실체보다 가식을 바탕으로 공적 이미지를 만들려고 어떤 일도 서슴지 않았다. 아내가 부부 사이의 문제로 대화하려 하자, 그 말이 그랜트에게는 남편으로서 실패했다는 소리로 들렸다. 실제로 그렇게 생각하는지는 물어보지도 않고, 알고 있다고 추측했다. 그랜트에게 완벽한 결혼은 아무런 문제가 없어야 했기에 이것은 문제가 되었다. 그러나 실제로 모든 결혼생활에는 어려움이 따르고 건강한 관계를 유지하기 위해서는 잘 보살펴주어야 한다.

러네이가 마침내 결단을 내렸을 때 그는 완전히 놀란 듯한 태도를 보였다. 자신에게조차 진실을 숨겼던 것이다. 그는 편도체에 휘둘린 채 중간이란 없이 결혼을 완벽하거나 실패한 것, 완전히 좋거나 나쁜 것, 자랑스럽거나 끔찍하게 수치스러운 것으로 생각했다. 그 결과, 그는 가족에게 소홀했다. 그리고 이제 모든 것이 빠르게 망가지고 있었다.

'완벽한 사람은 없다. 완벽해지려고 애쓰다가 삶을 파괴할 뿐이다. 완벽해질 수 없을 때 또 다른 전략은 가장하는 것이다.'

자기 파괴 패턴 2: 타인을 비난하여 자기 행동을 정당화하기

러네이가 그랜트를 외도로 의심하자 그 가면에 금이 가기 시작했다. 그 순간, 살면서 느꼈던 모든 수치심이 트리거로 작동했다. 앉아서 이야기를 나눌 수조차 없었다. 그의 마음속에서 러네이는 그가 법정에서 수없이 대면했던 상대와 같은 억압자가 되었다. 러네이에게 느낀 분노는 상담에서 이런 말들로 내리쏟아졌다.

- "자기가 아주 특별해서 나보다 나은 남자를 만날 수 있다고 생각하는 건가?"
- "그렇게 잔소리하고 압박해도 나는 한 번도 화낸 적 없어."
- "나 아니면 누가 그녀를 참아주겠어?"
- "그냥 보내주고 다시 돌아와 화해하자며 애걸하길 기다리는 게 낫겠어."
- "내가 왜 상담받으러 와 있는 거지? 미안할 건 하나도 없어. 문제가 있는 사람은 그녀인걸."

그랜트는 러네이를 비난함으로써 자신의 자율성을 모두 그녀에게 부여했다. 그녀는 어른이었고, 그는 어린 소년이었다. 그는 실패한다는 두려움의 함정 속으로 더 깊이 떨어졌다.

4단계:
최악의 시나리오를 상상한다

사람들이 실패라는 두려움과 생존이라는 두려움을 연관시키기 때문에 나는 그랜트에게 이 상담에서 무엇을 얻어가고 싶은지 물었다.

"박사님이 이 상황을 해결할 방법을 알려주셨으면 좋겠어요."

"그럼, 몇 가지만 물을게요."

"아, 이제 박사님이 변호사시네요."

"제가 이 상황을 해결할 방법을 알려주지 못하면 어떻게 되죠?"

그는 조금 당황한 듯 보였다.

"그게 박사님 일 아닌가요?"

나는 아니라고 고개를 저었다.

"제 일은 이 상황을 바꾸기 위해서가 아니라, 당신이 자신을 바꾸기 위해 무엇을 할 의지가 있는지 알아내도록 돕는 거예요."

"음, 실망이네요."

"그 누구든 자신밖에 변화시킬 수 없어요. 하지만 저는 당신이 중요한 변화를 만들어낼 힘이 있다고 확신해요. 우리가 변화하면, 우리가 어떤 상황에 있든 희망은 있어요."

그는 고집스러운 태도를 유지했다.

"저는 문제가 아니에요."

"아닐지도 모르죠. 하지만 러네이가 이혼하자고 하면 어떻게 될까요?"

그는 감정적으로 반응했다.

"제 정치적 포부는 망가지겠죠. 러네이는 저를 공개적으로 망신시킬 거예요. 아이들을 보지 못하게 되고, 아버지는 분노하시겠죠. 모든 걸 잃게 될 거예요."

"아버지부터 시작해보죠. 아버지가 화를 내면 어떤 일이 일어날까요?"

"사실 아버지는 화를 정말 많이 내세요. 저는 아버지의 기대에 부응한 적이 없어요. 그러니 아버지의 실망감을 또다시 견뎌낼 수밖에 없겠네요."

"어렸을 때 당신은 생존을 위해 부모님에게 의존했어요."

나는 설명했다.

"부모님이 당신을 받아들이지 않으면, 말 그대로 방치하면, 생명을 위협당할 수 있었어요. 그래서 아버지의 분노에 대한 즉각적인 반응이 극심한 두려움이었을 거예요. 하지만 어른으로서는, 아버지의 비판에서 살아남을 수 있죠?"

"재정적으로나 다른 어떤 방식으로도 저 자신을 돌보는 데 아버지의 승인은 필요 없어요. 무슨 말씀인지 알겠어요. 아버지의 실망과 비판에 대처하는 일이 감정적으로는 고통스러워도 생명의 위협은 아니라는, 그런 말씀이죠?"

"바로 그거예요."

그는 어깨를 으쓱했다.

"그건 다행일지도 모르겠네요."

"좋아요, 이혼이 법률 사무소에서 당신의 위치에 어떤 영향을 미칠까요?"

"이혼을 겪는 변호사는 아주 많아요. 스트레스가 심한 직업이거든요. 사실 저희 사무소 변호사 하나는 네 번이나 결혼했어요."

"그러면 법조계 경력은 이혼에서 살아남을 수 있겠네요."

"네, 이상적이진 않지만요."

나는 고개를 끄덕였다.

"이상적이진 않지만, 살아남을 수 있는 거죠?"

"네, 맞아요. 살아남을 거예요."

"이혼한다면 또 어떤 일이 일어날까요?"

"아이들을 자주 못 보겠죠. 끔찍할 거예요. 저는 아이들에게 잘 자라고 인사하려고 제때 집에 들어가려 노력해요."

나는 그와 아이들에게 고통스러운 일임을 인정했다.

"이혼은 항상 아이들에게 힘든 일이에요."

그는 슬프게 말했다.

"그렇지만 당신도, 아이들도 살아남을 거예요. 러네이를 잃는 건 어떨까요?"

"생각하기도 싫어요. 그녀는 한때 제 가장 강력한 지지자였어요."

"하지만, 그래도, 당신은 살아남을 거예요."

"네."

나는 의자 깊숙이 앉았다.

"바로 지금, 어떤 기분인지 헤아려보세요."

그는 잠시 생각했다.

"음, 정말 슬프지만, 예상외로 마음이 차분해요."

"러네이가 당신에게 원하는 게 뭔가요?"

"제가 잘못한 걸 모두 인정하는 거요."

나는 등을 기댔다.

"러네이가 부부 문제에 대해 전부 책임지라고 하는 건 아니라는 말인가요?"

"네, 맞아요. 전부 제 탓이라고 하지는 않아요. 제가 완벽하지 않다는 걸 인정하길 바랄 뿐이에요."

"당신은 완벽한가요?"

"당연히 아니죠."

"당신이 완벽하지 않다는 걸 러네이가 알고 있나요?"

"알죠."

"그걸 알면서도 당신과 결혼생활을 유지하고 있는 거네요, 그렇죠?"

그랜트가 한숨을 내쉬었다.

"러네이는 그저 제가 가정에 충실하고 도망치지 않길 바랄 뿐이에요."

"가정에 충실하려면 어떻게 해야 할까요?"

"제가 완벽하지 않다는 사실을 받아들여야 하겠죠."

그가 인정했다.

"그럼, 겸손과 굴욕 중에서 선택해야겠네요?"

"흥미로운 관점이군요."

나는 빙긋 웃었다.

"당신은 이 상황에서 커다란 자율성을 쥐고 있어요. 지금처럼 그대로 가면 뒤에 숨어 있으면, 아마 결혼생활은 깨지겠지만 결국에는 괜찮아지겠죠. 아니면 자신에게 솔직해져서 결혼생활을 구할 수도 있어요. 결과가 어떻든 당신은 살아남을 거예요. 어떻게 하겠어요?"

그는 의자 깊숙이 앉아 먼 하늘에 천천히 흘러가는 구름을 바라보았다.

"박사님의 방법이 제 결혼생활을 구하도록 도와준다면, 그러면 꾸준히 박사님을 찾아와 노력해볼지도요."

내가 조금 놀란 얼굴을 했는지, 그가 미소 지었다.

"그게, 저희 둘 다 저에게 아버지 문제가 있다는 걸 알잖아요. 제가 용기를 낸다면, 나중에는 정서적 핵심 상처와 대결할 준비가 될지도 모르죠."

그 말에 내 얼굴에도 미소가 떠올랐다.

"이 과정을 거치면서 당신의 사고는 더 용감해질 거예요. 저는 당신을 믿어요."

5단계:
용기 있게 사고한다

그랜트는 더 이상 편도체에 휘둘리고 싶지 않았다. 그는 결혼이나 경력, 인생에 무슨 일이 생겨도 괜찮으리라 믿고 싶었다. 그래서 그는 결정해야 했다. 그는 누구나, 자신조차 실수하기 때문에 완벽주의는 실패로 가는 지름길임을 깨달았다. 최고의 노력도 항상 부족할 수밖에 없다. 그렇기에 우리는 종종 타인의 인정에 우리의 행복을 저당 잡히고, 그들은 언제든지 우리가 무가치하다고 말할 수 있다. 실패가 예상되면 굳건한 자존감이 부족한 사람들은 엄청난 충격에 빠질 수 있다.

변화는 우리 내면에서 일어나야 한다. 결점까지도 자신으로 받아들여야만 남의 비위 맞추기와 수치심의 위협에서 벗어나게 될 것이다. 실패하는 두려움의 함정 때문에 초라해졌을 때 그랜트에게는 두 가지 선택지가 있었다. 수치심에 나가떨어지거나 평범한 인간으로서 자신의 불완전함을 받아들이는 것이었다. 그랜트의 치료 과정은 어려웠다. 최고가 되지 못한다는 두려움에 너무 얽매여 있어서 자신이 충분히 괜찮다는 생각을 밀어냈다. 그래서 그는 매일 아침, 출근 전에 다음 집중 명상을 실천하기로 했다.

'결점까지도 자신으로 받아들여야만 남의 비위 맞추기와 수치심의 위협에서 벗어나게 될 것이다.'

집중 명상 훈련

이 15분 명상은 실패하는 두려움에서 벗어나도록 설계되었다. 명상을 훈련하면서 뇌의 경로가 강화되어 자신의 강점을 인정하고 확신하게 될 것이다. 자기 비난이라는 오래된 반사 작용이 그 힘을 잃을 때 자기 수용력은 강화될 것이다.

◆ ◆ ◆

실패하는 두려움의 함정에서 벗어나기

시작

팔과 다리를 꼬지 말고 편안한 자세를 취하라. 코로 숨을 들이쉬고 입으로 내쉬어라. 천천히 숨을 들이쉬고 내쉴 때 몸에 느껴지는 감각에 주목하라.

호흡하면서 신체 한 부위에 초점을 맞추라. 코끝과 공기가 들어가고 나오는 감각에 집중할 수도 있다. 호흡할 때마다 가슴

이 어떻게 오르내리는지에 집중해도 좋다. 복부의 팽창에 집중해도 괜찮다.

신체 부위를 정한 후, 그곳에 주의를 집중하라. 계속 천천히 숨을 들이쉬고 내쉬어라.

마음이 초점에서 멀어지려 하면 부드럽게 주의를 되돌려라. 불안한 생각은 모두 멀리 흘려보내라. 긴장을 모두 풀어내라. 당신은 있어야 할 바로 그곳에서 정확히 당신과 당신의 몸이 필요로 하는 일을 하고 있다.

5분 경과

오늘은 우리 대부분 머릿속에 가지고 있는 내적 비평(inner critic)을 이해하고, 내적 비평에서 감사로 장소를 이동하기 시작할 것이다. 자신에게 끔찍한 말을 하면서 스스로 충분히 잘하고 있다고 느끼기는 어렵다. 몸과 마음이 차분해졌기에 내적 비평의 소리가 지금 당장은 들리지 않을 수도 있고, 명상 훈련을 마치고 나서도 부정적인 감정이 여전히 강하게 남아 있을 수도 있다.

- 이 평온한 장소에서 자신에게 질문하라. "내 어떤 점이 좋아?"

- 당신은 이렇게 대답할 수 있다. "사람들을 배려하는 방식이 좋아." 혹은 "머리 색깔이 마음에 들어."

다음 몇 분 동안 스스로 이 확언을 반복하라.

- 숨을 들이쉬며 물어라. "내 어떤 점이 좋아?"
- 숨을 내쉬며 대답하라. "~이(가) 좋아."

받아들여지고 사랑받고 있다고 느끼며, 당신에게 긍정적인 특성이 많다는 사실을 받아들여라.

- 들이쉬며 "내 어떤 점이 좋아?"
- 내쉬며 "~이(가) 좋아."

이 말이 사실이라고 더욱더 확신하게 될 때까지 이 긍정적인 특성에 집중하라. 내적 비평이 당신과 논쟁하려 들어도 그 대화에 끌려가지 말라. 단순히 긍정적인 확언으로 주의를 돌려라.

8분 경과

이제 다른 긍정적인 특성에 집중할 시간이다.

- 숨을 들이쉬며 물어라. "내 어떤 점이 좋아?"
- 숨을 내쉬며 말하라. "~이(가) 좋아."

자신이 잘하는 일이나 성공적인 순간, 자신에 대해 알고 있는 좋은 점을 선택하라. 그 확언이 깊숙이 스며들게 하라.

- 들이쉬며 "내 어떤 점이 좋아?"
- 내쉬며 "~이(가) 좋아."

이 말이 사실이라고 더욱더 확신하게 될 때까지 이 긍정적인 특성에 집중하라. 내적 비평이 당신과 논쟁하려 들어도 그 대화에 끌려가지 말라. 단순히 긍정적인 확언으로 주의를 돌려라.

11분 경과

이제 감사에 초점을 맞출 시간이다. 연구에 따르면 그저 감사만 표현하기보다 그 이유와 함께 표현하면 행복감에 더 큰 영향을 미친다고 한다.

- 숨을 들이쉬며 물어라. "무엇에 감사해?"

- 숨을 내쉬며 말하라. "~에 감사해." 꼭 큰 것일 필요는 없다. 약속 시간에 늦었을 때 편리한 주차 공간을 찾은 데 대한 감사도 좋다.

위의 문장을 두 번 더 반복하라.

14분 경과
천천히 바깥세상으로 의식을 깨워라. 심호흡을 몇 번 더 하라.

15분 경과
명상을 마친 후 스스로에게 어떤 기분이 드는가? 이 훈련을 규칙적으로 되풀이하면 자존감이 향상될 것이다. 또한 내적 비평의 방향을 더 쉽게 바꿀 수 있게 될 것이다. 마음속에서 자신에 대한 부정적인 말이 들려올 때 이 명상에서 확언 하나를 골라 그 확언에 집중하라.

명상을 반복할수록 긍정적인 신경 경로가 더 강해지고, 뇌에 새로운 습관이 생길 것이다. 스스로에게 실망감을 느낄 때 충분히 잘하고 있다는 사실을 더 쉽게 알아차릴 것이다. 내적 비평의 목소리를 통제할 수 있다고 스스로 깨달을 수 있다. 이 목소리를 억누를 필요는 없다. 그냥 두고 다른 곳으로 주의를 돌리면 된다. 당신은 이제 앞에 닥친 어떤 일이든 마주할 새로운 활력이 생겨 삶에 뛰어들 준비가 되었다.

6단계:
두려움의 함정에서 벗어난다

그랜트는 명상 훈련을 계속하며 자극받지 않고 자기 문제를 이해할 수 있게 되면서 자기수용에는 겸손이 요구된다는 사실을 알게 되었다. 겸손은 일반적으로 자기 비하나 존엄 상실, 자신이 하찮은 존재라는 감정으로 연결된다. 이 정의는 내가 남보다 더 잘나거나 못났다는 판단에 바탕을 둔다. 하지만 우리가 친절과 자기수용으로 겸손해지면 평가하지 않게 된다. 겸손은 우리가 잘하는 것과 잘하지 못하는 것을 받아들이는 일이다. 우리는 자신을 비판하지 않고 우리의 강점과 불완전함을 감싸안는 법을 배운다.

겸손은 상처 입기 쉬운 내면 – 취약성이 존재하는 곳, 우리가 승자나 패자라고 느끼지 않는 곳, 주위 사람들과 연결되어 있다고 느끼는 곳 – 에서 비롯된다. 이곳은 우리의 일부로, 자존심에 걸려 넘어지지 않고 우리가 잘하는 것을 인정하는 곳이다. 결국 우리는 자신의 불완전함과 실수, 부정적인 감정을 실패로 판단하지 않고 받아들이게 된다.

겸손은 또한 다른 사람들이 제공하는 재능과 강점에 지나치게 높은 기준을 강요하지 않고 감사히 여기는 것이다. 이를 수용하여 우리는 타인과 진정한 연결점을 찾는다. 자신의 인간성뿐 아니라 서로와 그들의 인간 조건을 받아들이게 된다.

그랜트가 처음 상담치료를 시작했을 때, 러네이는 그를 다시 믿어도 될지 매우 의심스러워했다. 하지만 시간이 지나면서 그녀는 그랜트가 더 인내하고, 덜 치열하며, 훨씬 더 친절해지는 모습을 보았다. 그녀는 그가 변할 수 있다는 것을 보여줄 시간을 더 주기로 했다. 그랜트가 여전히 트리거를 경험하며 오래된 패턴을 드러낸 어려운 순간들이 있었다. 하지만 그랜트는 겸손을 깨달으면서 자신의 완벽하지 못한 부분을 마주하고 받아들일 수 있게 되었다. 그는 러네이가 자기 감정을 설명해주는 걸 들을 때 전처럼 두렵지 않다. 이제 그는 훨씬 덜 방어적이고 더 수용적이다.

그랜트는 나에게 부부 상담 의뢰를 부탁했고, 부부가 함께 상담받기 시작했다. 시간만이 그들이 부부관계를 유지할지 말해주겠지만, 지금 그랜트에게는 도움받을 수 있는 여러 도구가 있기에 희망을 품을 이유는 충분하다.

요점 정리

- 어린 시절, 우리는 우리를 보호해주고 수용과 사랑을 보여줄 부모와 보호자가 필요했다.
- 또한 무조건적인 사랑을 주고 실망과 실패에 대처하는 법을 보여줄 어른 역할 모델이 필요했다.

- 적절한 역할 모델 없이는 자신을 받아들이고 실패했을 때 필요한 지원을 받는 방법을 모른 채 어른이 될 수 있다.
- 어렸을 때 결점 때문에 비난이나 학대를 받았다면, 어른이 되어서 무가치, 굴욕, 수치의 형태로 극심한 고통을 경험할 수 있다.
- 수치심을 대하는 한 가지 반응은 완벽주의자가 되는 것으로, 이는 우리를 실패에 빠뜨리고 부족하다는 감정을 심화한다.
- 수치심이 대하는 또 다른 반응은 불완전함을 감추고 불완전하지 않은 척하는 것이다. 우리는 성공한 가상의 인물을 만들어 세상으로부터 자신을 고립시키는 방식으로 자신을 보호하려 할 수도 있다.
- 우리가 실패하는 두려움의 함정에 빠져 있을 때 우리는 자신을 시도했지만 목표에 도달하지 못한 사람이 아니라 실패자로 정의할 수 있다.
- 자신의 인간성과 강점, 약점을 받아들이지 못할 때 우리는 종종 타인을 너무 가혹하게 평가한다.
- 뇌가 수치심을 느꼈던 기억을 기록했다 하더라도 우리는 자기수용과 친절이라는 새로운 신경 경로를 만들어 이 트리거를 피해 갈 능력이 있다.
- 자기수용에는 겸손함 – 우리가 다른 이들보다 더 낫거나 못하지 않다는 인식 – 이 필요하다.
- 자신을 받아들일 때, 우리는 자만하지 않고 성공을 축하할 수

있으며, 심한 수치심과 굴욕감을 느끼지 않고 실패를 통해 배울 수 있다.

- 자기수용은 우리로 하여금 자신의 강점과 한계를 현실적으로 바라보게 한다. 자신을 있는 그대로 받아들일수록 타인의 강점과 한계 또한 더욱 너그럽게 받아들일 수 있다.

6
FEAR TRAPSE

미지의 것이 두려운가?

FEAR TRAPSE
ESCAPE THE THOUGHTS THAT KEEP YOU STUCK

> 삶은 그 사람의 용기와 비례하여
> 축소되거나 확장된다.
>
> ――
>
> 아나이스 닌

로라의 첫인상은 노년기에 접어든 평범한 여성이었다. 로라는 평균 키에 희끗한 곱슬머리였고, 플랫슈즈에 헐렁한 원피스 차림이었다. 매력적이지 않은 건 아니었지만 그저 평범한, 군중 속에서 눈에 띄지 않을 사람이었다.

나를 만나러 온 이유가 무엇인지 물었다.

"남편 웨인이 6개월 전에 세상을 떠났어요. 거의 5년 동안 암과 싸웠죠."

"결혼하신 지는 얼마나 되었어요?"

"42년이요."

나는 그 숫자를 곱씹었다.

"아, 여기 왜 오셨는지 알겠어요. 상심이 크시겠어요."

놀랍게도 그녀는 아니라며 고개를 저었다.

"저는 꽤 잘 지내고 있어요. 웨인과 저는 대화를 많이 나눴죠. 함께 살면서 좋았던 때, 힘들었던 때를 회상하며 많은 시간을 보냈어요. 그리고 함께 즐기지 못할 미래를 슬퍼했죠. 그가 세상을 떠나기 전, 저희 둘 다 그걸 받아들였어요."

"그럼 상담받으러 오신 이유가 뭐죠?"

나는 호기심이 일었다. 솔직한 대답에서 통찰이 묻어났다.

"저는 평생을 두려워하며 살았어요. 고속도로에서 운전하는 게 무서웠고 여동생네 집에 가려고 시내를 가로지르는 버스 타는 게 무서웠고 밤에 집에서 혼자 자는 게 무서웠어요. 지금도 불을 켜고 자요. 모르는 사람들이 있는 공간에 들어가는 것도 두려워요. 혼자 영화를 보러 가거나 식당에 가는 것도 무섭고요. 새로운 브랜드의 신발이나 세제, 샴푸를 시도해보는 것도 두려워요. 말하자면 끝이 없어요."

로라는 숨을 들이쉬고 이야기를 이어갔다.

"웨인이 죽어갈 때 저희는 할 수 있었지만 하지 않은 일들에 관해 모두 이야기했어요. 그러면서 함께 웃었죠. 웨인도 두려워했어요. 그가 그렇게 말했어요. 두려움 때문에 하고 싶었던 일들을 하지 못한 게 후회된다고요. 그 솔직함에 저도 그렇다고 인정할 수 있었어요. 두려움이 제 남은 삶을 사는 방식을 결정하게 내버려두고 싶지 않아요."

그 말에서 나는 삶을 감싸안고 싶은, 일어날지도 모른다고 두려워했던 일들에 더 이상 휘둘리고 싶어 하지 않는, 용감한 여성을 보았다.

1단계:
당신의 이야기를 한다

로라에게 어린 시절에 관해 묻자, 그녀는 신시내티와 웨스트버지니아주 헌팅턴 사이에 있는 오하이오 남부 시골 마을에서 자랐다고 말했다.

"아버지는 기계공으로 일하셨고 어머니는 가정주부셨어요. 친척들 모두 같은 지역에 살았고 솔직히 군대를 간 사람을 제외하면 아무도 그 지역 밖으로 나가지 않았던 걸로 기억해요. 일반적으로 '외부인'에 대한 불신이 있었어요. 누구도 소리 내어 말하진 않았지만, 고향을 떠나는 것은 위험하고 무서운 일이라고 믿으며 자랐어요. 바깥세상에 대한 두려움은 우리 모두에게 삶을 사는 방식일 뿐이었죠."

ⓘ 왜 걱정을 그만하기 어려울까?

뇌가 걱정을 즐기도록 설계되어 있다는 사실을 아는가? 편도체의 역할은 우리의 생명을 유지하는 것이다. 우리 몸의 생존 전략 하나는 편도체가 자기 역할을 효과적으로 수행할 때 우리에게 보상하는 것이다. 어떻게 보상하냐고? 편도체가 활성화될 때 도파민이라는 화학물질을 자동으로 방출해서다.

도파민은 기쁨을 주는 마약이다. 우리를 행복하게 만들어, 결과적으로 우리가 이 화학물질을 생성하는 행동을 반복하게 한다. 우리는 걱정이 우리 몸과 삶의 질에 해를 끼칠 수 있다는 사실을 안다. 전두엽으로 안다. 하지만 생존 자체가 생존의 질보다 더 중요하기 때문에 몸은 편도체가 활성화된 것에 보상한다. 반면, 전두엽 내에서 일어나는 합리적인 과정에는 동일한 지원을 받지 못한다.

우리는 도파민으로부터 더한 쾌감을 얻기 때문에, 당연히 걱정을 멈추려 하지 않는다. 하지만 편도체는 진짜 위험이 전혀 없을 때도 자주 활성화된다. 실제 위협과 상상의 위협을 구분하지 못한다. 출근 시간에 늦는 두려움이나 누군가가 우리를 어떻게 생각할까 하는 두려움, 호랑이에게 쫓기는 두려움에 의해 트리거가 작동할 수 있다. 우리가 위험에 처했다고 느낄 때 – 실제로 위험에 처했든 처하지 않았든 – 편도체는 활성화되어 우리를 너무 자주 불필요한 걱정에 빠져들게 한다. 그래서 걱정을 그만하기가 너무 어려워진다.

걱정에서 벗어나려면 뇌에 새로운 신경 경로를 추가해야 한다. 이 책에 있는 훈련이 그 역할을 하지만, 그렇게 되기까지 우리는 시간을 투자하고 집중해야 한다. 뇌는 반복에 반응한다는 점을 기억하라. 그러니 당신이 '변화하기'를 선택해야 한다. 더 나은 기분을 느낄 의지가 있다면 그렇게 할 수 있다. 이러한 패턴을 극복하고 트리거를 더 잘 다룰 힘은 당신에게 있다.

"오해는 하지 마세요. 행복한 어린 시절이었어요. 돈은 많지 않았지만 정말 그랬어요. 저희는 사랑이 넘쳤고 항상 서로의 집에서 식사하거나 시간을 보냈죠."

"웨인과는 어떻게 만나셨나요?"

그녀는 미소 지었다.

"저희는 함께 자랐어요. 그의 가족도 저희 가족과 꽤 비슷했어요. 지역의 작은 초기 정착민 무리에 저희 증조부모님이 있었어요. 저희는 그들의 발자취를 따랐고 그 작은 마을을 매우 자랑스럽게 여겼죠. 사실 웨인이 프록터앤드갬블의 아이보리 비누를 만드는 아이보리데일 공장이라는 안정적이고 좋은 직장을 얻은 건 꽤 충격적인 일이었어요. 저희는 결혼한 후, 고향에서 120킬로미터 떨어진 신시내티로 이사했죠."

그녀는 그 기억에 킥킥 웃었다.

"처음에는 몇 번 고향 집에 갔지만 아이들이 생기고 나서는 징거리 운전이 너무 위험해 보였어요. 그래서 편지와 전화로 연락을 주고받았죠."

로라는 분명하게 다음 말을 강조했다.

"저와 웨인은 가족들에게 사고뭉치 취급을 받았어요. 부모님은 끊임없이 저희가 속한 곳은 고향이라며 돌아오라고 압박

했어요. 처음에는 죄책감이 들고 멀리 간다는 사실에 꽤 겁을 먹었죠. 하지만 어쩌겠어요? 고향에는 웨인이 할 일이 없었는 걸요."

차가 한 대밖에 없어서 자신은 대부분 집에서 시간을 보냈다고 로라는 설명했다. 하지만 그녀는 곧 임신했고 두 사람은 가족을 꾸렸다. 첫 아이가 태어난 후, 로라는 더 이상 고립감을 느끼지 않았다. 엄마로 사는 삶을 즐기며 자녀 다섯을 세 살 터울로 두었다. 결국 로라의 여동생도 신시내티로, 하지만 도시 반대편으로 이사했다. 두 사람은 매일 전화 통화했고 매달 만났다.

그녀는 어린 시절을 이렇게 요약했다.

"웨인과 저는 바깥세상을 두려워하고 불신하라 배우며 자랐어요. 그게 다예요. 어린 시절 거대한 트라우마나 비극 같은 건 없어요. 그저 저희가 모르는 것이나 모르는 사람을 두려워하도록 세뇌당했어요. 그렇긴 해도 저와 웨인, 제 동생은 가족 중 그 누구보다 멀리 떠나왔어요."

로라는 두려움의 필터를 통해 모든 것을 모르는 것이나 확실하지 않은 것으로 보았다. 그녀는 변화할 준비가 되었다는 사실을 확신했다. 그녀는 확실히 말했다.

"항상 두려움에 발목 잡혔어요. 웨인도 똑같았죠. 제 인생에는 열정이 부족했어요. 연애 감정의 열정이 아니라, 모험과 같은 삶의 열정 말이에요. 저는 한 번도 해본 적 없는 걸 해보고 싶고 글로만 접했던 곳들을 직접 보고 싶어요. 삶의 한가운데로 뛰어들어 새로운 사람들을 만나고 새로운 문화를 경험하고 심장을 뛰게 하는 모험을 하고 싶어요."

2단계:
트리거를 찾는다

"웨인과 함께 저희 삶에 대해 아주 많이 이야기를 나누었기 때문에, 그의 죽음을 최대한 준비할 수 있었어요. 하지만 그 사람 없이 집이 얼마나 허전할지는 몰랐어요."

로라는 외로움이라는 힘이 자신을 더 대담하게 만들었다고 했다.

"지난주, 저는 공황 발작 비슷한 걸 일으켰어요. 대화할 사람이 없었죠. 집은 이상하리만치 조용해서 거의 섬뜩할 정도였어요. 너무 외로웠고 집에 혼자 있다는 게 두렵기까지 했죠. 그때 상담을 받기로 결심했어요. 끊임없이 외롭고 두려워하며 살고 싶지 않아요."

로라의 첫 번째 트리거: 외로움과 고립감

로라에게 죽기 전 웨인의 삶은 어땠는지 물었다.

"괜찮은 인생이었어요. 다섯 아이를 낳아 길렀고, 아이들은 이제 모두 독립해 더 이상 저를 필요로 하지 않아요. 웨인이 암에 걸릴 때까지는 제 삶에 만족했어요.

웨인의 상태가 점점 더 나빠지면서 저희는 TV를 보며 더 많은 시간을 보냈어요. 어쩌다 보니 저희는 아주 먼 곳을 보여주는 여행 프로그램과 다큐멘터리에 빠져들었어요. 저희는 파크뷰의 집에서 거의 40년을 살았죠. 처음 이사했을 때는 새집이었어요. 오해는 하지 마세요, 저는 제 집과 가족을 사랑해요. 하지만 예순두 살에 제가 아는 거라곤 세상의 이 아주 작은 조각과 이곳에서의 제 역할 뿐이에요. 세상에는 정말 다양한 유형의 사람들이 있지만 저희가 알던 사람들은 모두 저희와 똑같았어요.

어느 날 밤, TV를 끄고 나서 웨인이 말했어요. '로라, 저 밖에는 멋지고 아름다운 세상이 있어. 나는 시간이 없지만 당신은 있어. 당신에게 꿈이 있다면 그 꿈을 따라갔으면 좋겠어. 그걸 알아주었으면 해. 나 때문에 이 집에 머무르진 말아줘'라고."

그녀는 의자에 등을 기대고 잠시 창밖으로 시선을 보냈다.

"처음에는 슬픔에 사로잡혔어요. 어디에도 갈 힘이 없었고 집을 나서고 싶지도 않았어요. 하지만 시간이 지나면서 집은 피난처라기보다 감옥이 되었어요."

로라는 사람들과 얼굴을 보고 이야기하는 게 그리워졌다.

"웨인이 가고 난 뒤, 매일 대화를 나눌 사람이 없어졌어요. 너무 두려워서 이 작은 집 안에 스스로를 고립시켰죠. 물론 전화로 이야기할 수는 있지만 다른 사람과 함께 있는 것과는 다르고요. 두려움을 극복하지 못하면 너무 많은 걸 놓치게 될 거예요. 자식들과 손주들을 직접 만나지도 못하고 자라는 모습도 지켜보지 못하겠죠. 그저 수화기 너머의 목소리가 아니라, 아이들 삶의 일부가 되고 싶어요.

웨인의 말이 계속 떠올랐어요. 그 사람은 제가 두려움에 사로잡혀 집에만 머물기를 바라지 않았을 거예요. 제게 여행할 용기가 있었다면 다채롭고 모험적인 삶을 살았을 거예요. 아니면 남은 삶을 그렇게 살 수도 있겠죠. 저는 남은 인생에서 더 많은 걸 원해요."

그녀는 상냥하게 미소 지었다.

로라의 두 번째 트리거: 낯설고 예상할 수 없는 일들과의 만남

"아내, 엄마, 이제 할머니로 사는 건 멋진 일이었지만 저는 더 많은 걸 원해요."

로라가 설명했다.

"오하이오주 밖으로 나간 게 평생 딱 한 번뿐이었다는 게 믿어지세요? 시아주버니 장례식 때문에 펜실베이니아주 오일시티에 갔었어요. 차로 운전해서요. 비행기를 타본 적도, 사진이나 TV에서 말고는 바다나 산을 본 적도 없어요. 저는 모래 위를 걸어본 적도, 술집에서 술을 마신 적도, 기차를 타거나 멋진 호텔에서 밤을 보낸 적도 없어요. 사실 호텔에 머문 적이 딱 두 번 있었어요. 처음엔 신혼여행이었고, 다음엔 시내 호텔에 이틀 묵었지만, 저희 형편에 머물 수 있는 곳은 중저가 호텔뿐이었고 오일시티에서는 '이글스 인'인가 하는 오래된 모텔에 묵었어요."

삶을 온전히 사는 사람들이 있다. 당신도 이런 식으로 삶을 즐기는 사람을 알고 있을지도 모른다. 그들은 물질적인 부는 없을지 몰라도 의미 있고 다채로우며 충만한 삶을 산다. 그들에게는 일이 따분하지 않다. 그들은 행복하며, 두려움에 조종당하지 않는다.

너무 많은 사람이 두려움 때문에 한계에 부딪힌다. 우리는 안전하게 느끼려고 – 무서운 것들을 피하려고 – 우리 삶을 구조화한다. 미국에서는 물질적인 부를 안전과 동일시해왔다. 경제적으로 안전하면 행복할 것이라는 무언의 약속이 존재한다. 물질적인 것들로 둘러싸일수록 더 안전하다고 인식한다. 우리는 소비하고 저장하고 낭비한다. 그러나 마음 깊은 곳에서는 물질적이고 금전적인 안전이 행복이나 자신감, 용기 있는 삶을 의미하지 않음을 알고 있다.

우리 몇몇은 익숙한 곳을 떠나길 두려워한다. 새로운 것을 시도하려 하지 않는다. 예를 들어, 언제 마지막으로 식당에 가서 한 번도 먹어보지 않은 음식에 도전해보았는가? 익숙함은 편안하게 느껴지고, 편안함은 안전하게 느껴진다.

우리는 위험을 두려워한다. 여기서 위험이란 할 준비가 되어 있지 않은 위험한 활동에 뛰어드는 것을 말하는 게 아니다. 변하고자 하는 – 진정으로 원하는 것을 얻기 위해 나아가는 – 의지를 말하는 것이다. 심리적 안전지대 밖에 있을 때 우리는 두려움을 느낀다. 하지만 많은 내담자가 깨달았듯, 진짜 문제는 두려움이 아니다. 두려움은 당신을 죽일 수 없다. 두려움은 살아남을 수 있는 것이다.

안전함을 느끼고 싶은 열망은 전혀 잘못된 게 아니다. 우리는 모두 안전해야 한다. 하지만 익숙하지 않은 것을 시도하지 않으려는 마음은 우리를 두려움의 함정에 얽매어놓는다. 삶의 기쁨을 온전히 탐구하지 못하게 한다.

'안전함을 느끼고 싶은 열망은 전혀 잘못된 게 아니다. 우리는 모두 안전해야 한다. 하지만 익숙하지 않은 것을 시도하지 않으려는 마음은 우리를 두려움의 함정에 얽매어놓는다.'

3단계:
자기 파괴 패턴을 묘사한다

가족들에게 두려움을 배운 웨인과 로라가 신시내티로 이사한 후 한 번도 집에서 멀리 가본 적이 없다는 건

놀랄 일이 아니다. 로라가 말했다.

"웨인도 저도 변화나 여행 같은 도전을 감당할 수 없다고 생각했어요. 웨인이 암에 걸리고 나서 저희는 이런 이야기를 많이 나눴어요. 저희는 자신을 신뢰하지 않았어요. 자신감을 가지라고 배운 적이 없었어요. 예측할 수 없거나 어려운 일은 피했어요. 그게 가족들이 인생을 살아온 방식이었으니까요."

자기 파괴 패턴 1: 자기 고립과 새로운 시도 거부

로라와 웨인은 함께 안전한 삶을 꾸렸지만, 서로가 새로운 것을 시도하도록 도울 수도 있었다. 낯선 것과 위험을 연관시키며 자란 그들은 끊임없이 익숙한 곳으로 되돌아갔다.

그저 살아온 대로 계속 살아가는 게 더 쉬웠다. 하지만 웨인이 떠나고 자녀들이 독립하자 로라는 자기 생각과, 깊게 묻어두었던 더 많은 것을 바라는 열망을 품은 채 혼자 남았다. 열망이 피어오르려 할 때마다 그 마음을 급히 억눌렀다. 자기 내면에 있는 열정의 불꽃에 끊임없이 물을 끼얹었다.

로라는 이것이 깊게 뿌리내린 자기 파괴 패턴임을 깨닫고 상담받으러 왔다. 그녀는 말도 안 되게 가능성이 희박한 시나리오에 대한 두려움 속에서 삶과 관계의 질을 계속해서 낮추고 있었다. 하지만 웨인의 부재로 인한 외로움이 너무 심해져 다른 것을 해봐야겠다는 동기를 부여받았다. 그녀는 더 용기 있는 인생으로 나아가려면 더한 통찰과 지원이 필요하다는 사실을 깨달았다.

자기 파괴 패턴 2: 최악의 상황이 일어나리라는 생각의 소용돌이

집 밖으로 나가 도시를 가로질러 차를 운전한다고 상상할 때마다 불안이 그녀를 막아섰다. 편도체가 활성화되어 '만약에?' 하는 마음에 사로잡혔다. 부정적인 자기 대화의 면에서 보면, 로라의 뇌는 최악의 상황이 일어나리라는 생각, 즉 일어날 확률이 극히 낮은 최악의 시나리오에 대한 집요하고 심한 걱정으로 뿌옇게 됐다.

최근 연구에 따르면 걱정의 약 95%가 실제로 일어나지 않는다고 한다. 이는 걱정이 단지 자기 패배적인 감정 에너지의 소모라는 의미다. 로라가 자신이 빠진 두려움의 함정을 인식하기 시작했을 때조차 이 극단적인 가능성은 그녀를 무력하게 만들었다.

그 에너지가 뇌의 공포 중추에 갇혔을 때, 그녀의 생각은 돌고 돌았다. 편도체는 그녀에게 싸우거나 도망가거나 얼어버리는 선택지를 주었다. 현실에서 그녀는 삶에서 일어나는 커다란 도전의 일부를 이미 극복한, 매우 능력 있는 여성이었다.

하지만 문밖의 위험한 가능성에 쉽게 압도될 수 있다는 두려움에 그녀의 자신감은 곤두박질쳤다. 미지의 세계에 대한 두려움은 그녀를 집에 안전하게 숨어 바깥세상에 대한 무서운 이야기를 듣는 어린 소녀로 되돌렸다.

4단계:
최악의 시나리오를 상상한다

로라는 나에게 특별한 내담자였다. 우리 대부분에게 최악의 두려움 중 하나는 죽음에 직면하는 것이다. 하지만 로라는 웨인이 병을 앓으면서 그 어려움과 정면으로 마주했다. 웨인과 함께 죽어가는 과정과 죽음을 이미 겪었기 때문에 로라의 두려움은 상당 부분 해소된 상태였다. 죽음은 그다지 무서워 보이지 않았다. 오히려 평화롭고 자비롭게 느껴졌다. 그 대신 그녀에게는 어떤 수준의 위험에서도 살아남지 못할 수 있다는 비합리적인 믿음이 있었다. 그녀는 그 두려움 때문에 심리적 안전지대를 벗어날 때 발생할 수 있는 실제 위험 수준을 판단하는 능력을 잃어버렸다.

"당신과 웨인이 삶에서 가장 어려운 도전에 놀랄 만큼 잘 대처했다는 걸 알고 있나요?"

내가 그 점을 지적하자 그녀는 놀라서 의자에 등을 기댔다.

"박사님 말씀이 맞아요. 그런 식으로는 생각하지 못했어요."

"지금 가장 두려운 게 뭔가요? 남편을 잃는 건 확실히 아니겠죠."

그녀는 확신이 없어 보였다. 가만히 앉아 잠시 생각했다.

"글쎄요, 그 외에 거의 모든 거요. 혼자 자고 차를 운전하고 공공장소에 나가고 새로운 곳에 가보는 거요."

"그래서 집에 갇힌 죄수인 거군요."

로라는 고개를 끄덕였다.

"당신이 오늘 무엇이든 할 수 있다면, 그게 뭘까요?"

"무엇이든지요?"

"네."

무엇이든 원하는 걸 한다는 생각은 매력적이었다.

"여동생 집에 갈 수 있는 용기가 생겼으면 좋겠어요."

로라가 조용히 말했다.

"무엇이 당신을 못 가게 하나요?"

"이런 말, 하기 부끄럽지만 거기까지 운전하는 게 무서워요. 가야 할 데가 있으면 웨인이 데려다줬었어요."

"로라, 직접 운전하는 게 뭐가 그렇게 겁이 나요?"

"고속도로를 타야 하는데 고속도로 진입로는 질색이에요. 차들이 너무 빨리 달려요. 게다가 차로 35분이나 걸려요. 버스를 탈 수도 있겠지만 시내로 가서 갈아타야 할 거예요. 지금 생각해보니 버스가 더 오래 걸릴 것 같아요. 하지만 운전하다가 겁을 먹고 가차선으로 빠지지 못하면 어떡해요?"

"왜 가차선으로 빠져야 하죠?"

그녀는 왜 이해하지 못하냐는 듯 나를 쳐다보았다.

"고속도로 출구로 나가야 하니까요."

"실험을 하나 해보죠. 출구를 놓치면 어떨지 상상해봐요."

로라는 곰곰이 생각했다.

"아마, 다음 출구로 가야겠죠."

"겁을 먹고 고속도로 가차선으로 빠질 수 없으면요?"

"당황하겠죠. 그럴 때면 저는 가만히 있고 싶어져요. 어떻게 할지 모르겠어요."

"고속도로에서 그냥 멈춰 서겠어요?"

로라가 소리 내어 웃었다.

"아니요, 저는 바보가 아니에요."

나도 함께 웃었다.

"당연히 아니죠. 그럼, 당황하면 어떻게 하겠어요?"

그녀는 어깨를 으쓱했다.

"가차선으로 빠질 수 있을 때까지 계속 운전할 것 같아요."

"두려움은 감정이에요. 끔찍한 감정이지만 그래도 감정일 뿐이죠. 어떻게 반응할지 결정하는 힘은 당신에게 있어요."

"교통체증이 심하지 않을 때 동생 집으로 차를 몰고 가는 연습을 할 수 있을 것 같아요. 고속도로로 가서 다른 차들과 한 번만 합류하면 돼요. 그렇게 해볼 수 있을 것 같아요. 아주 어려울 것 같진 않아요. 고속도로에서 운전하게 되면 손주들이 하는 활동을 보러 가는 게 더 쉬워질 거예요. 지금은 멀리 돌아가거든요. 무슨 일이 생기면 긴급출동 서비스가 있으니 괜찮아요. 전에도 도움받은 적 있어요."

나는 또다시 물었다.

"이제는 뭐가 두렵죠?"

"일어나는 일들에 대처할 수 없을까 봐 정말 두렵지만, 그게 사실이 아니란 것도 알아요. 결혼하고 집을 떠나왔고, 힘들었지만 해냈어요. 웨인을 돌봤고 그가 원하는 방식으로 죽음을 맞이하도록 도왔어요. 최악의 일이었지만 해냈어요. 다섯 아이를 키웠고 집안 재정을 관리했어요. 어떤 일이든 처리할 수 있어요. 하고 싶지 않은 일이라도요."

나는 그녀가 꽤 유능한 사람이라고 인정했다.

"가족들은 당신이 감당할 수 있는 일들을 두려워하라고 가르쳤어요. 의도하지는 않았겠지만, 그게 당신의 자신감을 훼손시켰어요. 하지만 당신은 그걸 알아채지 못한 채 삶을 매우 용기 있게 살았죠. 당신은 할 수 있어요. 저는 확신해요."

'스스로 자신감을 느낄 때, 당신은 예기치 않은 상황에 대처할 수 있다는 사실을 깨닫게 된다. 미지의 세계는 덜 무서워지고, 당신의 삶을 통제하는 힘은 사그라든다.'

5단계:
용기 있게 사고한다

로라는 이런 두려움에 맞서면서, 이 문제의 중심에는 앞에 닥친 일에 대처하는 자기 능력에 대한 자신감 부족이 있었음을 깨달았다.

"솔직히 죽는 건 두렵지 않아요. 하지만 친구와 저녁 먹으러 나가는 건 무서워요. 일어날 수 있는 최악의 일이 뭘까요? 차 사고로 죽을 수도 있어요. 끔찍한 일이지만 그게 제 결정을 통제하도록 둘 수는 없다는 걸 알아요. 저는 최악의 일, 죽음 그 자체를 대면했어요. 그러니 그 외 다른 것들도 문제없이 다룰 수 있어요."

로라는 이를 깨달은 후, 꿈꾸던 것들을 하지 못하게 했던 두려움이라는 오래된 경로를 용기라는 새로운 경로로 새길 자유를 얻었다.

> **ⓘ 주체 의식을 높여라**

누군가가 당신을 '통제광'이라고 부른 적이 있는가? 많은 사람이 미지의 것에 불안해지기 때문에 상황을 통제하려고 한다. 그들은 위험한 것에 기습당할까 봐 두려워하고, 이에 대처하는 자신의 능력에 자신감이 부족하다. 그 결과, 미지의 것을 두려워하는 사람들은 그것을 예측할 수 없어서 새롭고 익숙하지 않은 것을 견디는 데 어려움을 겪는다. 새로운 사람이나 장소, 새로운 음식조차 이런 두려움을 가진 사람에게는 트리거가 될 수 있다.

이 책의 주요 목표는 주체 의식 – 삶의 방향을 책임지고 있다고 느끼는 능력 – 을 높이는 것이다. 스스로 자신감을 느낄 때, 당신은 예기치 않은 상황에 대처할 수 있다는 사실을 깨닫게 된다. 미지의 세계는 덜 무서워지고, 당신의 삶을 통제하는 힘은 사그라든다.

집중 명상 훈련

당신과 나누고 싶은 마지막 훈련은 이 책의 다른 훈련과는 다르다. 모두 마칠 때까지 사흘이 걸린다. 훈련을 기록할 작은 노트가 필요하다. 이를 실천하면 두려움이 어디에서 당신을 붙잡고 있는지, 어떤 위험이 감수할 가치가 있는지 평가하는 데 도움 될 것이다.

◆ ◆ ◆

미지의 것에 대한 두려움의 함정에서 벗어나기

첫날: 최악의 시나리오

당신이 원하는 삶을 살지 못하도록 당신을 막고 있는 두려움을 선택하라. 첫날에는 어떤 일이 일어날까 두려운지 구체적으로 적어라. 새로운 생각이 마음에 떠오를 때마다 써라. 가능한 한 사실적으로 상세히, 잘못될 수 있다고 생각되는 모든 것을 적어라.

둘째 날: 이익

다음 날, 그 두려움에 맞선다면 무엇을 얻게 될지 상세히 적어라. 더 자세히 적으면 적을수록 불안을 이기고 행동했다면 얻을 수 있었던 것에 대한 갈망이 더 커질 것이다. 어떤 이점이 있을 수 있을까? 관계가 얼마나 향상될까? 건강은 얼마나 개선될까? 신체적, 정서적, 관계적, 영적인 이익과 상상할 수 있는 다른 이익들을 모두 나열하라.

셋째 날: 비용편익 분석

셋째 날에는 두 목록을 비교하라. 어떤 결과가 일어날 가능성이 더 큰가? 최악의 시나리오가 일어날 확률이 높나? 당신이 상상한 부정적인 결과에 대처하기 위해 무엇을 할 수 있을까? 위험을 무릅쓰는 것과 삶과 연결점을 잃는 것 중 무엇이 더 나쁜가?

마지막으로 여러 자원을 활용해 두려움에 맞설 실행 계획을 세워라. 어쩌면 아직 두려움의 밑바닥으로 뛰어들 준비가 되지 않았을 수도 있다. 당신을 붙잡고 있는 것에 맞서는 아주 작은 변화부터 시도하라. 이 책에 있는 명상을 활용해 뇌가 오래된 반응에 대처하는 새로운 해결책을 찾는 데 도움받아라.

계속 진행하기

이 훈련을 규칙적으로 하라. 1년 후 노트를 재검토할 날을 달력에 표시하라. 나는 매달 이 훈련을 활용해 계속 앞으로 나아간다. 해보고 싶은 활동을 하지 못하게 하는 두려움을 선택하라. 최악의 시나리오와 그 일이 현실이 되면 어떻게 할지 상상하라. 정서적 영향은 일시적일까? 가능한 대답은 '그렇다'이다. 최악의 시나리오는 대부분 일어날 가능성이 희박하고 그 고통은 일시적이다. 이 두려움에 맞서지 않으면 어떤 일이 일어날까? 당신은 지금 있는 바로 그 자리에 머물게 될 것이다. 그곳이, 당신이 원하는 곳인가?

6단계:
두려움의 함정에서 벗어난다

용기로 가는 경로를 만들면서 로라는 삶을 변화시켰다. 고속도로를 타고 여동생을 방문했으며 영화관과 식당에 혼자 갔다. 여행 다니기 시작해, 멀리는 아니지만 오하이오주와 인디애나주 곳곳을 가보았다. 이른 봄, 로라가 혼자가 된 여동생과 차로 여행하기로 했다고 전했다. 그들은 경로를 정하지 않고 마음 가는 대로 가보기로 했다.

그 상담 이후로 로라를 다시 만나지는 못했지만 그게 그녀의 소식을 들은 마지막은 아니었다. 마지막 상담 2주 뒤 켈리스 아일랜드에서 엽서를 받았다. 다음엔 디트로이트에서, 그다음엔 시카고에서, 이후 그랜드티턴, 옐로스톤, 라스베이거스, 그랜드캐니언, 세도나, 스코츠데일(여기서 그녀는 정말 멋진 호텔에 묵었다), 팜비치, 산호세, 샌프란시스코, 포틀랜드, 올림피아, 시애틀, 그랜드정크션, 덴버, 토피카, 컬럼비아, 멤피스, 애슈빌, 윌밍턴, 애틀랜타, 탤러해시, 디즈니월드, 마이애미, 키웨스트, 보니타스프링스, 새니벌, 새러소타, 애틀랜타(다시), 힐턴헤드, 워싱턴DC, 볼티모어, 뉴욕시티, 필라델피아, 버펄로, 이리, 펜실베이니아에서 엽서를 받았다. 꽤 우회하는 경로였다.

엽서는 종종 몇 단어 뿐으로, 보통 '저는 ○○○에 있어요'라고 쓰여 있었다. 때때로 도시 이름 뒤에 '홍합을 먹었어요', '5성급 호텔에 묵었어요', '버사즈패스를 넘어왔어요', '산에서 눈을 맞았어요', '연극을 봤어요', '그랜드캐니언에서 유리 다리 위를 걸었어요', '세인트피터즈버그, 템파 다리를 차로 건넜어요', '바다에서 일출을 봤어요', '풍경을 비추는 연못 주위를 걸었어요' 같은 덧말이 달려 있었다.

마지막 엽서 이후, 4개월 동안 로라의 소식을 듣지 못했다. 3월 말 어느 화요일, 나는 발신자 주소가 없는 봉투 하나를 받았다. 안에는 여권을 들고 방긋 웃고 있는 로라의 사진이 있었다. 사진 뿐, 아무것도 쓰여 있지 않았다. 절로 미소가 떠올랐다.

로라는 용감했다. 그녀는 낯선 것이 본질적으로 위험하지 않다는 사실을 깨달았다. 그건 두려움의 함정에 갇혔을 때 믿었던 거짓말이었다. 남편의 죽음을 목격했기에, 궁극적인 두려움에 맞서 온전한 삶으로 가는 문을 열었다. 우리는 모두 로라처럼 될 수 있다. 용기라는 경로를 건설하여 두려움의 함정을 피해갈 수 있다. 이로써 타인과의 관계를 확장하고 삶을 포용할 수 있다.

그 사진이 담긴 마지막 봉투를 받고 1년 후, 나는 로라에게 편지를 받았다. 그녀는 파크뷰 드라이브에 있는 집으로 돌아와 행복하게, 그곳에서 그대로, 친구들과 어울리며 인생을 즐기고 있었다. 그게 내가 받은 마지막 소식이었다. 로라를 생각할 때면 흐뭇해진다. 그녀는 세상 어딘가에서 위대한 모험을 하고 있다.

🛈 요점 정리

- 어린 시절, 우리는 심리적 안전지대에서 벗어나 적절히 위험을 감수하는 방법을 보여줄 어른이 필요했다.
- 또한 미지의 세계에 대한 두려움을 극복하고 예측할 수 없는 것에 대한 회복력을 키우는 방법을 보여줄 어른 역할 모델이 필요했다.
- 적절한 역할 모델 없이는 새로운 것을 시도하기 두려워하고 두려움이 정한 한계 속에서 작은 삶을 사는 어른으로 성장할 수 있다.
- 미지의 것에 대한 뿌리 깊은 두려움과 함께 자랐다면 낯설고 예측할 수 없는 상황은 트리거로 작동할 수 있다.
- 심리적 안전지대 밖에서 일어난 부정적이거나 두려운 경험은 바깥세상 전부가 위험하다는 잘못된 느낌을 강화한다.
- 익숙하지 않은 것에 자극받으면 편도체는 투쟁, 도피, 경직이라는 선택지만 주기 때문에 우리는 위험에 대해 현실적으로 생각하는 능력을 잃게 된다.
- 우리 문화는 물질적 안전이 우리를 더 행복하고 충만하게 만들어주리라는 생각에 힘을 실어주지만 실제로는 그렇지 않다.
- 최악의 시나리오와 잠재적 이익을 비교함으로써 미지의 것에 대한 두려움을 극복할 수 있다.

- 위험이 발생했을 때 어떻게 대처할지 곰곰이 생각하면 위험에 대한 두려움을 관리할 수 있다.
- 심리적 안전지대 밖으로 나가는 아주 작은 발걸음조차 미지의 것에 대한 두려움의 함정에서 벗어나 진보를 향해 나아가는 데 도움 되며, 특히 목표를 규칙적으로 점검할 때 더욱 그러하다.
- 이런 두려움의 함정에서 벗어날수록 꿈꾸는 삶을 살고 자신의 진정한 한계를 발견하는 데 한 걸음씩 다가갈 수 있다.

보너스 집중 명상 훈련

다음은 내가 매일 아침 수행하는 명상이다. 나는 직접 경험했기에 명상의 힘이 용기와 자신감을 높인다는 사실을 증명할 수 있다.

◆ ◆ ◆

편안한 자세에서 시작하라. 코로 숨을 들이쉬고 입으로 내쉬어라. 이 책을 통해 집중 명상을 훈련해왔다면 처음 시작했을 때보다 훨씬 더 쉽게 긴장이 풀린다고 느낄 것이다. 이 최종 훈련은 새로운 도전을 할 때 용기와 자신감을 강화할 것이며, 한때 당신을 가둬두었던 악순환에서 벗어나게 해줄 것이다.

3분 경과

이제 더 편안해진 상태로 당신 뒤에 세 열의 계단식 객석이 있다고 상상해보라. 가장 높은 열에 모든 사랑과 치유, 선의 근원이 있다고 상상하라. 신 혹은 어떤 다른 영적 스승이나 이상을 상상할 수도 있다. 신을 믿지 않거나 영적인 관점으로 삶을 보지 않는다면 단순히 사랑의 힘을 순수한 에너지로 상상하라. 사랑의 온기와 기쁨이 당신에게 다가오고 있다고 상상하라. 안전감과 행복감을 온몸으로 받아들여라.

6분 경과

처음보다 낮은 곳에, 객석 두 번째 열을 상상하라. 이 열에는 숭배하고 존경하는 역사 속 인물들을 앉혀라. 성인이나 선지자, 스승이나 멘토, 작가나 음악가, 선함과 영감으로 당신에게 영향을 준 누군가일 수도 있다. 그들을 한 명씩 자리에 앉히고 꼭대기 열에서 오는 사랑을 그들의 사랑과 결합해 더 큰 선함과 돌봄의 힘이 되도록 하라. 이 에너지가 당신 주위와 내부로 그리고 당신을 통해 흐르게 하라.

9분 경과

가장 낮은 세 번째 객석에는 당신을 사랑해주었지만, 이제는 세상에 없는 사람들이 있다. 그들은 당신이 살아가는 데 도움을 준 스승이나 멘토일 수 있다. 부모, 조부모, 사촌, 형제자매 등 가족일 수도 있다. 당신을 소중히 아껴준 친구들도 여기에 추가하라. 그들 모두의 사랑과 애정이 위의 두 열에서 오는 에너지와 합쳐진다고 상상하라. 이 사랑은 무한하다! 이 사랑이 당신 주위를 흐르고 심장을 기쁨으로 채우게 하라.

11분 경과

다음으로, 당신 앞에 살아 있는 사람들로 채워진 의자 한 줄이 있다고 상상하라. 이들은 당신을 사랑하고 격려하며 보살피고 사랑을 보여주는 사람들이다. 뒤쪽 관람석에서 오는 온기와 사랑이 당신을 통해 첫 번째 줄에 있는 사람들에게 흘러가게 하라. 그들을 수용과 감사로 감싸라. 모든 이의 얼굴을 하나씩 살피며 호흡할 때마다 스스로에게 말하라.

'나를 통해 흐르는 사랑을 당신에게 드립니다.'

시간을 들여 그 에너지가 각각의 사람에게 흘러 들어감을 느껴라.

13분 경과

이 명상의 마지막 단계에서는, 사랑하기 어려운 사람들로 채워진 두 번째 줄의 의자를 상상하라. 그들은 상처 주고 믿을 수 없고 심지어 당신이 살아가는 데 위험한 사람들이다. 한 사람씩 바라보며 앞줄의 사람들에게 준 것과 똑같은 사랑을 주어라. 이 안전한 거리에서 그들에게 사랑을 전하며 이 집중 명상에서 아무도 당신을 해칠 수 없다는 사실을 이해하라. 한 사람, 한 사람에게 사랑을 전하라.

이 명상을 계속하다 보면, 시간이 지나면서 한때 싫어했거나 심지어 경멸했던 사람도 새로운 시각으로 볼 수 있다는 사실을 깨닫게 될 것이다. 공감하는 마음이 커질 수 있다. 연민도 커질 수 있다. 그들을 향한 부정적인 감정이 가라앉을 수 있다.

사실, 뒤에 있는 사람 중 일부를 현재 당신을 사랑하고 보살펴주는 사람들이 있는 앞줄로 옮길 수도 있다. 뒷줄에 있는 사람들의 수가 적어진다는 것은 당신 내면에서 그들을 더 이상 두려워하지 않는다는 의미다. 그들을 앞줄로 옮긴다고 해서 바깥세상에서 그들이 안전한 사람이 된다는 의미는 아니다. 하지만 뇌가 더 많은 신경 경로를 발달시키면, 당신은 그들을 단순히 과거에 그랬듯이 두려워하지 않을 것이다.

마치는 말

정원에서 삶이 산산이 부서졌던 날, 끔찍하게 배신당하고 결혼생활이 끝났다는 사실을 마침내 직면한 그날 이후 거의 스무 해가 흘렀다. 나는 그 상황을 감당할 준비는 되어 있지 않았지만, 이 상실을 극복하며 용기 있게 사고하는 방법을 개발했다. '용기 있는 사고 프로세스(CBP)'는 내 뇌에 깊이 새겨진 어린 시절의 상처를 치유했을 뿐 아니라 곧 다가올 도전에 대처하는 도구도 제공해주었다.

이혼 후, 나는 두 가지 유형의 유방암을 10년 간격으로 진단받았다. 당신이나 당신이 사랑하는 사람이 비슷한 소식을 들은 적이 있다면 당신은 내 안에서 솟구친 두려움을 이해할 수 있을 것이다. 처음에는 그 소식으로 트리거가 작동해, 내 마음은 그 오래되고 자기 파멸적인 길로 되돌아가기 시작했다. 나는 깊은 피해의식으로 반응했다. 왜 나야? 왜 내가 수술, 방사선, 항암을 견뎌야 하는 거지? 왜 한 번도 아니고 두 번씩이나?

그러나 CBP가 이미 내 안에 아주 깊게 뿌리내려 있었기 때문에 내 뇌는 스스로 경로를 변경할 준비가 되어 있었다. 나는 재빨리 어른으로서의 모든 능력을 발휘해 지금, 이 순간으로 돌아왔다. '왜 나야?'라는 질문은 곧 '왜 나만 아니겠어?'로 바뀌었다. 암은 나이, 성별, 인종에 상관없이 생기는 질병이다. 나는 유일하지도, 특별하지도 않다. 나는 질병이나 비극에 면역이 없다.

분명, 암이 선물이었다면 나는 그걸 돌려주었을 것이다. 그러나 어떤 위기이든, 하늘이 무너져도 솟아날 구멍은 있다. 사람들이 나에게 손을 내밀자 나는 그 사랑에 흠뻑 젖어들었다. 내 안의 자신감은 걱정해준 모든 사람 덕에 강해졌다. 그렇다. 나는 믿을 수 없을 정도로 약했지만, 약하다는 감정을 감당할 수 있다는 사실을 기억했다. 물론, 죽고 싶지는 않지만 죽는다는 생각이 더 이상 두려움으로 나를 꼼짝 못 하게 하지는 않는다.

여동생이 성인 제1형 당뇨병으로 진단받았을 때 나는 다시 트리거에 위협당했다. 내 인생에서 가장 큰 두려움은 동생을 잃는 것이다. 심지어 내가 죽는 두려움보다 더 크다. 동생은 내 어린 시절의 가장 깊은 트라우마와 기쁨을 함께 나눈 유일한 사람이다. 우리의 관계는 나를 과거와 이어준다.

하지만 나는 내가 동생의 건강을 통제하거나 사설탐정으로 일하는 동생을 보호할 수 없다는 사실을 알고 있다. CBP를 통해 나는 이를 받아들였다. 동생을 잃는다는 생각은 여전히 두렵지만, 나는 나에게 상실을 감당할 능력이 있다고 자신한다. 이 자신감은 내가 동생뿐 아니라 딸들과 내가 사랑하는 다른 모든 이와 함께 두려움 없이 행복을 느낄 수 있게 했다.

   당신이 이 책의 메시지를 꼭 붙잡길 진심으로 바란다. 뇌는 과거의 고통으로 빚어졌지만, 과거의 고통이 미래를 결정짓지는 못 한다. 두려움 없이 인생을 살라. 당신에게 달려 있다. 명상 훈련을 통해, 당신은 용기 있게 사고하고 진정으로 용기 있는 삶을 살 힘을 가진다.

두려움의 함정

초판 1쇄 인쇄 2025년 12월 02일
초판 1쇄 발행 2025년 12월 10일

지은이 | 낸시 스텔라
옮긴이 | 정시윤
펴낸이 | 최윤하
펴낸곳 | 정민미디어
주 소 | (151-834) 서울시 관악구 행운동 1666-45, 3층
전 화 | 02-888-0991
팩 스 | 02-871-0995
이메일 | pceo@daum.net
홈페이지 | www.hyuneum.com
편 집 | 미토스
표지디자인 | 강희연
본문디자인 | 디자인 [연;우]

ⓒ 정민미디어

ISBN 979-11-24022-06-1 (03320)

※ 잘못 만들어진 책은 구입처에서 교환 가능합니다.